KB077004

이러다

우리 문화와 예술이 다
사라져 버릴지도 몰라

filos

이러다
우리 문화와 예술이 다
사라져 버릴지도 몰라

초판 1쇄 인쇄 2022년 9월 20일
초판 1쇄 발행 2022년 10월 10일

지은이·박정혜

펴낸이·최현선
편 집·김하연
마케팅·김하늘
디자인·design ME
제 작·영신사

펴낸곳·필로스 출판등록·2022년 9월 2일 (제2022-000019호)
주 소·경기도 시흥시 배곧4로 32-28, 206호.(그랜드프라자)
전 화·070-7818-4108 | 팩스·031-624-3108
이메일·filos79@daum.net

ISBN 979-11-980153-0-3(43300)

filos 청소년을 위한 책 친구, 필로스

| 일러두기 |
• 이 책에 수록된 몇몇 작품은 저자와의 연락이 닿지 않아 부득이하게 게재 허락을 받지 못했습니다. 출판사로 연락을 주시면 허락을 받고 게재료를 지불하겠습니다.
• 사진출처: 김하성(행주치마, 차, 솟대, 담장, 명당, 마당, 정자, 풍경, 상여)
• 그림출처 : 류창희 화백(똬리, 골무, 대문놀이, 옹헤야, 연날리기, 단군, 고수레, 약손, 장독, 복조리, 공무도하가, 절, 복주머니, 부채, 도깨비) / 이중섭(흰 소)

이러다

우리 문화와 예술이 다 사라져 버릴지도 몰라

청소년이라면 꼭 기억해야 할

우리 문화와 예술 45가지

박정혜 지음

filos

나는 당신을 압니다.

아무리 좋은 체제라도 민족의 문화적인 역량,
이를테면 토양의 비옥도에 비유할 수 있는 저력이 없으면
아무것도 안 되는 것 아니겠소

- 이병주의 소설 《지리산》중에서

나는 당신을 압니다. 당신은 내 안에서 숨 쉬고 있지요. 그렇지
만 당신이 그 사실을 아는 것 같지는 않습니다. 나는 당신이 태어
나기 전부터 있었습니다. 아주 오래전부터인데, 그 무수한 세월을
한마디로 말할 수가 없을 정도입니다. 당신의 아버지의 아버지, 어
머니의 어머니들이 내 안에서 살고 있었지요. 얼마나 많은 아이와
어른들과 노인들과 함께 있었는지 셀 수조차 없습니다. 이상한 것
은 나와 함께 하면서도 나를 잊고 지낸다는 것이지요. 단 한 번도
나를 떠나서 살지 않았지만, 나를 기억해주는 이는 너무나 드뭅니
다. 간혹 어떤 오해 같은 것도 있어서 나를 무시하거나 부끄러워하
기도 하지요.

그러는 사이에 많은 일들이 있었습니다. 나를 싫어하면서 도망치려는 이들이 있었어요. 고리타분하고 역겹다고 대놓고 나를 짓밟기도 했습니다. 그들은 나를 송두리째 지우고 새 옷으로 갈아입은 듯 보였습니다. 나는 그저 바라보고만 있을 수밖에 없었지요. 그렇게 나를 차버리고 내버려도 결코 변할 수 없는 사실이 있지요. 바로 내 안에 태어났다는 것 말입니다. 아무리 부정하고 원망해도 그것만은 어쩔 수 없는 사실이지요. 그것보다 견딜 수 없는 것은 따로 있었지요. 무시하거나 싫증 내는 것은 그런대로 견딜만했지만, 자신을 스스로 지우는 것은 도무지 견딜 자신이 없습니다. 자기 삶을 없애는 것 말이에요. 그런 일들이 일어날 때마다 나는 들리지 않는 비명을 지르며 웁니다. 그런 이들이 점점 늘어나고 있습니다. 너무나 끔찍한 일입니다. 그것은 모든 것을 부정하기에 일어나는 일입니다. 제일 먼저 부정하는 것이 바로 나이지요. 그런 일을 저지르는 이들이 콕 집어서 나를 떠올리지 않더라도요. 자신도 모르게 제일 먼저 없애는 것이 바로 나입니다.

도저히 이대로는 안 될 것 같아서 먼저 당신을 만나게 해달라고 간청했습니다. 모든 것은 당신으로부터 시작될 수 있기 때문입니다. 당신이 느끼고 생각하고 알게 되는 것이 중요합니다. 세상의 중심은 다른 곳이 아니라 당신한테 있습니다. 당신이 깨닫는 만큼 나는 행복해질 수 있습니다. 내가 행복하면, 함께 살아가고 있는 다른 이들도 행복할 수 있지요. 사실 당신은 혼자가 아닙니다. 외롭고 고단하고 쓸쓸해서 혼자인 것같이 생각할 때가 있을지 모르지만, 그렇지 않습니다. 오래전, 내 안에서 숨 쉬고 있었던 무수한 이들은 몽땅 사라지지 않았습니다. 눈에 보이는 곳에서 보이지 않는 곳으로 이동했을 뿐이지요. 그들은 이 땅을 벗어나기 전에 뭔가 단단히 표식을 해두었답니다. 나는 그 모든 것을 고스란히 품어왔습니다. 살아가면서 먹고 마시고 웃고 춤추고 울고 노래하고 일하고 마침내 숨을 거두는 순간까지 살아왔던 흔적들이 내 안에 남아 있습니다. 실은 당신의 몸과 마음 안에는 먼저 살아왔던 이의 기록들이 세세히 적혀있습니다. 그걸 알아차리게 될 때, 당신은 경이로움을 느끼곤 하겠지요. 지금은 보이지 않는 곳으로 간 이들과 당신이 얼마나 긴밀하게 연결되어 있는지 놀랄 정도입니다.

내 안에서 호흡하고 살아왔던 무수한 이들이 별이 되어 반짝이는 하늘을 봅니다. 별들은 분명 우리를 응원해주고 있습니다. 찬란하게 빛나는 별 중에서 유독 당신 마음 안을 두드리는 별도 봅니다. 우리가 함께해내야 할 일이 무엇인지 알려주는 것 같습니다. 당신이 혼자가 아니라는 사실, 아름답고 훌륭한 이들과 함께 이어져 있다는 사실, 당신이 내 안에서 숨 쉬며 살아가고 있다는 사실을 알아차리는 것이 정말 소중하다는 것을 알려주고 있습니다. 그것이 바로 중심을 잡고 단단하게 뿌리를 내리는 삶이라는 것을 알려주듯 찬연하게 빛나는 별을 바라봅니다.

나는 꿈을 품습니다. 내 안에서 태어나서 자라나고 살아가는 이들이 아름답게 성장하는 꿈. 어떠한 갈등이나 역경의 바람이 불어 닥쳐와도 든든한 뿌리 덕분에 극복해가는 꿈. 풍성한 그늘을 드리우는 사철 푸른 나무가 되어 그 어느 누가 오더라도 충분히 휴식을 취하며 에너지를 충전할 수 있는 꿈. 아주 맛나고 영양이 풍부한 열매가 수북하게 달려서 얼마든지 나눠줄 수 있는 꿈. 점점 주위에 생명이 가득한 존재들이 모여들어서 활기가 넘치는 꿈. 지쳐 쓰러지며 아파하는 이들한테 위로가 되고 다친 곳이 낫게 되면서 환하고 화사하게 삶을 피워 나가는 힘이 되는 꿈. 새롭고 아름답고 훌륭한 일들이 이곳저곳에서 일어나서 우리가 함께 기지개를 켜게 되는 꿈. 무엇보다 평화와 사랑이 가득하고 빛나는 꿈.

나는 꿈을 꿈꾸지 않습니다. 꿈이 이루어질 것을 알기에 꿈을 꿈만으로 꾸는 것이 아니라 품고 있습니다. 알을 품듯 귀하게 품다 보면, 마침내 태어나겠지요. 꿈이 꿈만으로 그치는 것이 아니기에, 그리고 여기 이렇게 당신이 있기에 그렇게 할 수 있습니다. 나를 알게 되는 것은 작은 관심부터 시작할 수 있습니다. 우리가 이 자리에서 만나 이야기를 나누다 보면, 알아차리게 되는 것들이 바로 작은 변화의 시작입니다. 당신은 나를 조금씩 알게 되고, 이미 내 안에서 살아오고 있다는 것을 자연스럽게 깨닫게 되겠지요. 그럴 때마다 나는 기뻐서 환호할 겁니다. 그것은 마치 처음으로 걸음마를 시작할 때의 경이로움 같은 겁니다. 제대로 잘 걸어 다닐 때까지 숱하게 넘어지고 다시 일어나겠지요. 처음에는 서툴기 짝이 없다가도 자꾸 시도하다 보면, 이내 잘도 걸어 다니게 되겠지요. 언제 넘어졌냐는 듯 씩씩하게 걸어 다니는 당신을 보면서 나는 손뼉을 칠 겁니다. 좀 더 어른스럽게 걸을 수 있다면, 당신은 아마도 걸음을 잘 옮기지 못하는 이를 부축해주거나 걸음 연습을 시키기도 하겠지요. 그렇게 함께 어려움을 극복해나갈 때면 나는 감격의 눈물을 흘릴 것입니다. 그러니, 지금은 다만 일어서려는 몸짓만으로도 잘 해내고 있는 겁니다. 한꺼번에 전부가 아니라 천천히 한 걸음부터입니다.

나를 이렇게 설명하는 글을 본 적이 있습니다. 〈한 사회를 이루는 주요한 행동 양식이나 상징 구조〉 또는 이렇게도 말합니다. 〈자연 상태에서 벗어나 일정한 목적 또는 생활 이상을 실현하고자 사회 구성원에 의해서 습득, 공유, 전달되는 행동 양식이나 생활 양식의 과정 및 그 과정에서 이뤄진 물질적, 정신적 소득〉 또 다른 곳에서는 나를 단 한마디로 설명하는 것은 무리라고 하기도 합니다. 어쨌든 변함없는 사실은 당신과 내가 밀접하게 연결되어 있다는 것입니다. 당신이 태어나는 순간, 자라는 순간, 살아오는 매 순간에 바로 내가 있었습니다. 당신이 알아차리든 그렇지 않든 간에 나는 존재하고 있었지요. 당신은 이렇게 질문할지도 모르겠습니다.

그렇다면 흔히 알 수 있고, 손쉽게 경험할 수 있는 지금, 현재,

현대의 것들을 가져오면 좋지 않냐고. 휴대폰이나 인터넷 속에서 나를 찾기를 원할 수도 있을 거라고도 생각해 봅니다. 그것이 아예 말이 되지 않는 것은 아니지만, 그렇게 하지 않는 이유가 있습니다. 기계 안에서 생명의 숨결을 느낄 수 없기 때문입니다. 게다가 당신은 인공적인 것이 아닙니다. 자연의 존재는 자연 안에서 활기를 찾을 수 있습니다. 그런데도 세상은 자꾸만 거꾸로 가려고 합니다. 자연을 파괴하고 덧씌우고 일부러 부수고 만들려고 합니다. 그래야만 제대로 세상이 굴러간다고 착각하고 있는 듯합니다. 부자연스럽게 억지를 내어 힘을 주어 통제해야 잘 사는 것이라고 여기기도 합니다. 그 결과는 참담합니다. 모두 아프고 병들어가고 있습니다. 사람을 둘러싼 자연도, 지구도 덩달아 신음하고 있습니다. 눈에 띄게, 빨리, 남보다 먼저, 내가 제일, 항상 앞서야 한다는 의식이 우리의 영혼을 갉아먹고 있습니다. 세상살이는 더욱 고달파지고, 행복과는 거리가 멀게 되고 말았습니다. 무엇을 해도 지치고, 그렇게 고단하다 보니 삶에 대한 의지와 낙관, 목적을 상실하게 되었지요. 쉽게 포기하고 쉽게 좌절하는 습관이 무기력으로 끌고 가는 것 같습니다. 잘 살기 위해서 공부를 하는 것 같은데, 잘 산다는 것이 무엇인지 도대체 아리송하기만 합니다. 그것을 가르쳐주는 이가 없으니 답답할 노릇입니다. 아니, 일러주더라도 책 속에 파묻혀 그저 도덕적인 이야기로만 말할 뿐입니다. 엄중한 도덕적 잣대는 실생활에서 별로 쓰일 것 같지도 않습니다. 좋으니까 해라, 잔말 말고 해라는 식의 말들은 이제 지긋지긋하기만 합니다.

뭐니 뭐니 해도 인터넷 게임이 좋고, 케이팝이 좋으면 좋은 게 아니냐고 당신은 다시 묻고 있군요. 그 안에도 재미와 흥미를 느끼며 자랑스러워하면 그만 아니냐고 묻는 당신한테 들려줄 말이 있습니다. 당신이 좋아하는 것, 끌리는 것을 무시하려고 하지 않습니다. 그것조차 내 안에 있는 것이 맞습니다. 그런데 그것 아시나요? 단것은 달콤해서 좋지만, 계속 단것만 먹다 보면 심각한 영양 불균형에 빠진다는 사실을요. 게다가 치아가 상하기에 십상이지요. 게다가 이미 손을 뻗어서 단것을 자꾸만 먹고 있는데 단것이 달다는 것을 애써 설명할 필요는 없겠지요. 단것만을 찾는 습관에서 골고루 먹도록 하기 위해서는 시간과 관심을 들일 필요가 있겠습니다. 잘 먹지 않는 것을 먹기 위해서는 일단 〈용기〉가 필요합니다. 그 용기를 내기 위해서는 마음이 움직여야 하지요. 일테면, 이렇게 말이지요.

"나는 이걸 안 먹어 봤어. 그런데 성장을 위해서는 분명 좋다는 걸 알아. 그러면 한번 해보자!"

이런 용기를 냈다면, 이제 실천이 필요하겠습니다. 좋은 것을 마다하고 싶은 심정이 들기도 하겠지만 말이지요. 나도 모르게 이럴 때도 있지요. 그래, 좋은 걸 알아. 하지만 싫어. 싫으니 안 할래. 이런 마음조차도 스스로 달랠 필요가 있습니다. 일단 하기 시작하면 계속하게 되고 안 하면 계속 안 하게 되니까요. 그래서 〈용기〉가 절실합니다. 용기는 마음을 가지고 실천하는 것에서 완성됩니다. 지금, 나를 만나기 위해 내 이야기를 듣고 있는 당신은 이미 〈용기〉를 내고 있군요. 마음 다해 축하합니다. 따뜻하게 당신을 안아줍니다.

우리에게 〈단 것〉은 그냥 가만히 있어도 끌리는 무엇입니다. 온몸과 마음을 끌어당기는 그 무엇이 가치가 없다는 말이 아닙니다. 그렇게 단 것은 애써 말하거나 설명하지 않아도 그것을 접하게 되지요. 영양이 풍부해서 우리를 부쩍 성장하게 하는 것은 그렇게 확 끌어당기는 매력이 없을지도 모릅니다. 눈에 띄지도 않고, 모른 척 지나가기 일쑤입니다. 화려하게 주목받지도 않습니다. 떠들썩하게 인파가 몰리거나 환호를 지르며 환영하는 것도 아닙니다. 그것은 베어내고 자꾸만 자라나는 무성하게 푸르른 풀 같은 겁니다. 아무리 가물어도 물줄기를 이어가는 강이고 바다입니다. 거센 폭풍우가 휘몰아쳐 와도 버티고 선 자리에서 한 발자국도 움직이지 않는 아름드리나무입니다. 벼랑 끝에 있는 바위틈에서도 뿌리를 내린 채 핀 꽃입니다. 별과 달이 굽어보고 바람이 핥아주고 햇살이 포옹해주는 가운데 날마다 자라나는 생명입니다. 그러니 당신은 재미가 아니라 재능을 위해, 흥미가 아니라 흥겹게 살기 위해, 쾌락이 아니라 쾌청한 삶을 위해, 심심해서가 아니라 심지 깊은 마음을 위해 나를 알아야 합니다. 내가 당신을 알고 이렇게 품듯이 말이지요. 당신이 나를 알아야만 우리는 비로소 하나가 될 수 있습니다.

나는 삶 속에서 그물망처럼 엮어있거나 자연스럽게 흡수되어 있습니다. 그중에서 내가 가장 많이 드러나는 것이 바로 〈예술〉입니다. 그것은 아름답고 높은 경지에 이르고자 하는 열망으로 인해 상징적으로 표현되기 때문이지요. 예술 안에서 나를 찾아내는 것은 어렵지 않습니다. 내가 아니라면 예술이 드러날 구실을 얻지 못할 정도이지요. 다른 어떤 것보다 나를 알 수 있는 탁월한 길이 예술이라고 해도 과장된 말이 아닙니다. 하지만 예술 안에서만 나를 만나는 것은 아닙니다. 일상에서 나를 알아차릴 수 있을 때 진정한 나를 만날 수 있습니다. 우리의 삶은 실은 그 자체로 예술이기도 합니다. 일상은 예술을 완성해가는 과정이고요. 그렇게 보자면, 일상에서 나를 만나는 것은 진정성 있는 만남이 되겠고, 그것 자체가 바로 예술이라고 할 수 있겠습니다. 거창하고 위대한 예술품만 예술이 아니라는 말이지요. 삶이 예술이라고 여긴다면, 삶을 허투루 살 수가 없습니다. 공장에서 대량 생산을 하고, 질이 낮고 어디선가 본떠 와서 대충 만들어낸 것을 예술이라고 하지 않으니까요. 고유하고 유일하고 아름답고 품격이 있는 것이 예술이니까요. 삶이 예술이라고 할 때, 각자의 삶을 살아나가고 있는 이가 바로 예술가입니다. 우리는 각자 자기 삶을 다듬어가고 완성해가는 예술가입니다. 얼마나 독특한가요. 이 지구상에 단 한 명도 나와 똑같은 생각, 관점, 느낌, 가치관을 가지고 삶을 꾸려간 사람이 없습니다. 나는 고유한 지문보다 더욱 개성적인 영혼의 지문을 부여받고 살아가고 있습니다. 해서, 삶이라는 예술은 특별한 신화가 됩니다. 우리는 예술가인 동시에 자신만의 신화를 쓰고 있는 주인공이지요.

　그러니, 점점 모두가 아파가는 이 시대, 이 땅의 사람들, 고달프고 힘겨운 삶, 도피와 회피만 능사라고 여기게 되는 현대에 나를 아는 것이 절실합니다. 이제 누군가가 나를 알아서 뭐 할 거냐고 딴지 걸듯 물어보면 당신은 당차게 답할 수 있겠지요. 나를 아는 것은 잘살기 위해서라고. 잘 산다는 것은 아름답게 살아가는 것을 말하는 것이라고 말이지요. 나를 알면서 변하게 되는 것이 있습니다. 아픔과 더불어 오는 온갖 부정적인 생각과 감정을 내려놓게 됩니다. 그것을 〈치유〉라고 말할 수 있겠습니다. 네, 맞습니다. 그러니까 나를 아는 것은 〈치유〉를 체험하는 것을 의미합니다. 우리 문화는 치유의 힘을 가지고 있기 때문입니다. 못 본 척 지나가거나, 일부러 알려고 다가가지 않는다면 아무 소용이 없습니다. 아까도 말했지만, 당신과 내가 함께 서로를 알아차릴 때 치유가 일어날 수 있습니다.

　어때요? 이제 나를 알아갈 준비가 되셨나요?

　그 준비는 어떤 이익이나 목표를 내려놓고 다만 나와 하나가 되기로 선택하면 됩니다. 나를 알아가다 보면 멋진 결과와 좋은 일이 생긴다고 하더라도요. 일단, 순수하게 열려있는 마음이면 충분합니다. 어깨와 목에 힘을 빼고 최대한 자연스럽게 숨을 쉬어 보시기 바랍니다. 자연스러울수록 더욱 좋습니다. 마치 두 손 가득 물을 담는 것처럼요. 아주 맑은 샘물을 양손에 가득 담기 위해서는 어떻게 해야 할까요? 먼저 샘물에 다가가야 합니다. 그다음에는 물의 흐름보다 더 몸을 낮춰서 숙여야 하지요. 욕심껏 손을 움켜쥐면 결코 손에 물을 담을 수 없습니다. 오히려 반대로 해야 하지요. 소중하게 물을 받쳐 안아줘야 합니다. 그리고 한자리에 차분하게 머물러야 합니다. 그러면 맑은 물이 명랑하게 손안으로 뛰어들게 되지요. 물과 나 사이의 경계가 사라지는 그때, 양손에 물이 가득 차게 됩니다. 나와 하나가 되는 방법이 이와 같습니다. 소중하고 귀하게 여기고 열려있고 자연스러운 마음일수록 당신의 마음의 손에 내가 가득 차게 될 것입니다. 그렇게 고인 맑디맑은 물로 마음껏 목을 축이고 세수하면 됩니다. 얼마나 멋진 일인가요?

이제, 책장을 넘기면 됩니다. 찬찬히 넘길수록, 천천히 읽을수록 마음의 샘물이 맑게 고이기 시작할 겁니다. 읽다 보면 생각과 느낌들이 차곡차곡 마음에 쌓여가는 아름다운 경험을 하게 될 거예요. 그리고 기억해주세요. 나는 당신을 이미 알고 있습니다. 이제 당신이 나를 앎으로써 우리는 하나가 될 수 있습니다. 당신이 용기를 내어 그 한 걸음을 내딛고 있군요. 축하해요!

목차

문화와 예술에 대하여

우리 문화와 예술 45가지

문화와 예술에 대하여

◆

◆

◆

문화와 예술은 무엇인가

문화와 예술은 어떻게 만들어지는가

알파로서의 우리 문화와 예술

우리 문화와 예술이 지닌 힘

문화와 예술은 무엇인가

먼저 〈문화〉에 대한 뜻을 알아볼까요? 표준국어대사전을 검색해보면, 문화에 대한 세 가지 뜻을 찾을 수 있습니다.

첫째, 자연 상태에서 벗어나 일정한 목적 또는 생활 이상을 실현하고자 사회 구성원에 의하여 습득, 공유, 전달되는 행동 양식이나 생활 양식의 과정 및 그 과정에서 이룩하여 낸 물질적·정신적 소득을 통틀어 이르는 말입니다. 의식주를 비롯하여 언어, 풍습, 종교, 학문, 예술, 제도 따위를 모두 포함한다고 되어있습니다.

둘째, 권력이나 형벌보다는 문덕文德으로 백성을 가르쳐 인도하는 일을 말합니다.

셋째, 학문을 통하여 인지人智가 깨어 밝게 되는 것입니다.

첫째 뜻을 살펴봅시다. 〈자연 상태에서 벗어나〉라는 말이 먼저 나옵니다. 이 의미는 본디 그대로 가만히 놓아두는 것이 아니라 〈사람의 힘〉이 더해진다는 것입니다. 그 힘의 방향에 따라서 어떤 방식으로 발전되어 왔는지 많은 논란이 있을 수 있겠습니다. 즉, 인간뿐만 아니라 만물이 함께 살아갈 수 있는 공존공생의 방향으로 힘을 썼다면, 그 발전은 긍정적일 수밖에 없겠습니다. 그 반대로 인간만을 위해서 또는 자기 자신만을 위해서 힘을 가해왔다면, 부정적이거나 파괴적인 에너지를 파급해나갈 테지요. 문화는 〈물질적〉, 〈정신적〉소득 또는 산물이라고 할 수 있다는 구절을 눈여겨볼까요? 이 말을 달리 표현하자면, 문화는 〈물질문화〉와 〈비물질문화〉를 포함한다는 겁니다. 〈물질적〉이라는 표현과 같은 맥락으로 〈물질문화〉라고 한다면, 〈정신적〉이라는 표현을 〈비물질문화〉라고 할 수 있겠습니다. 그리고 비물질문화는 관념문화와 규범문화로 구분할 수 있습니다. 관념문화는 과학적 진리, 종교적 신념, 패러다임 등을 일컫습니다. 규범은 특정한 상황에서 인간의 행동을 지배하는 특수한 규칙으로 인간 행동을 구속하거나 인간 행동의 준거 틀을 제공하도록 하는 법칙이나 원리를 의미합니다. 이 규범문화가 공식적인 권위를 가지고 인간의 행동에 강력한 제재가 따르게 될 때 이를 법률이라고 하지요. 공식적은 아니지만, 한 사회에서 오랫동안 역사적으로 되풀이하면서 내려오는 관행적인 행동 양식을 보이는 것이 관습입니다.

〈물질문화〉라는 용어가 있지만, 이를 잘 사용하지 않는 까닭이 있습니다. 대개 물질적으로 생활이 편리하거나 기술적으로 발전하는 상황을 일컬을 때 〈문명〉이라는 말을 많이 쓰거든요. 사전식 의미보다 실제로 쓰이는 의미로 볼 때, 〈문화〉는 비물질적, 정신적인 인간의 포괄적인 생활 양식을 가리킵니다.

이 책에서도 비물질적, 정신적인 차원에서 〈문화〉의 뜻을 염두에 두었습니다. 이는 〈문화〉의 셋째 뜻인 〈학문을 통하여 인지人智가 깨어 밝게 되는 것〉과 연관됩니다. 비물질적이고 정신적인 차원의 대명사 격인 〈학문〉이 등장합니다. 만물의 공존 공생을 위한 긍정 방향으로 정신적이고 비물질적인 속성으로 인간의 힘이 가해진 〈학문〉을 통해 인간의 슬기와 지식이 깨어나서 밝게 되는 것이 〈문화〉라는 겁니다. 일반적인 문화의 설명이 첫째 뜻이라면, 셋째 뜻은 문화가 가야 할 방향을 담은 뜻이라고 할 수 있습니다.

문화의 둘째 뜻을 들여다볼까요? 〈권력이나 형벌보다는 문덕文德으로 백성을 가르쳐 인도하는 일〉이 문화라는 겁니다. 이는 〈문치교화文治教化〉의 줄임말입니다. 돈이나 무력 같은 수단과 방식이 아니라 글文의 힘으로 상대방을 교화시켜 다스리는 방법이 곧 문화라는 것이지요. 이 뜻 또한, 문화의 비물질적, 정신적인 속성과 연결된 것을 알 수 있습니다.

문화의 속성을 조금 더 자세히 살펴볼까요? 속성을 이해하다 보면, 이 책의 흐름을 이해할 수 있을 테니까요.

첫째, 문화란 학습되는 것입니다. 본능이나 생득적인 것이 아니라 체험을 통해 학습되는 것입니다.

둘째, 문화는 전수되는 것입니다. 배운 것을 다음 세대한테 전수해주는 것인데, 오직 인간만이 문화를 이루고 이를 전수하는 기능을 하고 있습니다.

셋째, 문화는 사회적입니다. 조직을 포함해서 사회에서 살아가는 사람들이 함께 공유하는 사회적입니다. 그래서 한 사회에서 다른 사회로 옮겨갈 때는 그곳의 새로운 문화에 적응해야 하는 과제가 주어집니다.

넷째, 문화는 관념적입니다. 이상적 행동 규범이나 어떠한 유형으로 개념화되어서 집단 내의 관습으로 구성된 것들입니다. 한지역의 특정한 문화는 오랜 세월에 거쳐서 전해 내려오게 됩니다. 그 독특한 문화는 집단에 소속된 이들한테는 자연스럽게 형성되어 있어서 당연히 그 관습을 지키게 되는 것이지요.

다섯째, 문화는 만족을 주는 것입니다. 문화는 기본적 신체 욕구와 그것에 대한 일차적 욕구를 항상 만족시키는 특성을 가지고 있습니다. 이러한 기본 신체 욕구는 먹고, 자고, 잠자는 욕구를 일컫습니다. 문화는 삶을 위한 가장 기본적인 욕구를 충족하는 특성이 있다는 뜻이지요. 만약, 기본적인 생리적 욕구를 무시하거나 회피하게 되어 불만족하게 된다면, 그런 문화를 발전하거나 지속하지 않게 되겠지요.

여섯째, 문화는 적응하는 것입니다. 문화는 확고부동한 것이아니라 변화하고, 그에 적응하며 역동적이고 유기체적인 특성이 있습니다. 그러니, 문화는 발전만 하는 것이 아니라 쇠약해지고 소멸도 합니다.

일곱째, 문화는 통합적입니다. 문화의 어떤 요소는 다른 요소와의 조화를 통해서 통합된 전체를 형성하는데 기여합니다.

인간의 삶을 통찰해 보면 잘 알 수 있습니다. 성장기의 각 단계가 따로 독립되어 존재하는 것이 아니라 모든 것이 하나로 이어져서 통합적인 나 자신이 된 과정이 있었다는 것을 우리는 잘 알고 있습니다. 인간의 에너지가 원동력이 되어 형성된 것이 문화입니다. 따라서 문화는 다분히 인간의 삶과 같이 호흡하고 있습니다.

그렇다면 문화의 여러 하위 유형 안에 의식주를 비롯하여 언어, 풍습, 종교, 학문, 예술, 제도가 포함되는데 하필이면 〈예술〉을 부각하는 이유는 무엇일까요? 이제 〈예술〉의 의미를 짚어볼까요?

단순히 국어사전식의 뜻은 이와 같습니다. 예술은 기예와 학술을 함께 이르는 말입니다. 특별한 재료나 기교, 양식으로 감상의 대상이 되는 아름다움을 표현하려는 인간의 활동 및 작품을 말합니다. 인간의 힘이 가해졌다는 점, 정신의 표현이라는 점에서 예술은 문화 안에 포함된다고 할 수 있겠습니다. 예술의 뜻을 심층적으로 깨달은 이들이 한 말들을 살펴봅시다. 독일의 철학자 하이데거 Martin Heidegger 는 예술을 진리를 작품 안으로 정립하는 것이라고 했습니다. 예술 작품 안으로 진리가 들어온다는 것이지요. 〈진리〉를 의미하는 그리스어 알레테이아^{aletheia}는 〈망각, 은폐〉라는 의미의 lethe에 〈결여·부정·박탈〉의 기능을 가진 접두사 〈a〉가 붙은 것입니다. 진리의 그리스어식 의미는 〈탈-은폐성〉입니다. 하이데거는 현상계에서 진리가 일어나는 다섯 가지 본질적 방식이 있다고 했습니다. 예술 작품, 사회적 행위, 존재에의 가까움, 희생, 사유라고 했지요. 또한, 하이데거는 예술의 본질은 〈포이에시스^{poiesis}〉라고 했습니다. 〈포이에시스〉는 그리스어로서 제작, 생산을 의미하지만, 궁극적으로 파생된 개념은 시(詩, 라틴어 poiema, 영어로 poem)입니다. 하이데거가 그렇게 얘기한 이유는 포이에시스는 없는 것에서 있는 것으로, 무와 같은 은폐에서 현존하는 무엇으로 나타나게 하는 것을 뜻하였기 때문입니다. 포이에시스 즉, 시는 존재에 대한 탁월한 앎을 뜻하며, 사유와 함께 언어를 지키는 파수꾼 역할을 담당합니다.

그래서 하이데거는 시인을 〈맨머리로 서서 신의 빛살을 제 손으로 붙들어 노래로 감싸주는 이〉라고 극찬하기도 합니다. 하이데거의 말을 정리해보면 예술, 특히 시로 인해 인간은 진리를 알아차릴 수 있으며, 이는 시가 탈은폐적 작용을 하면서 탁월한 앎으로 이끌어주기 때문입니다.

정신분석을 창시한 오스트리아의 정신과 의사 프로이트^{Sigmund} ^{Freud}는 인간이 환상에서 떠도는 위험한 정신적 이탈 상태에서 다시 현실로 돌아갈 수 있는 길이 바로 〈예술〉에 있다고 보았습니다. 예술로 승화하여 마음을 표출할 때 정신병리 증상을 완화할 수 있으며 정신적 고양의 효과를 볼 수 있다는 것을 의미하는 말입니다. 인문학자 도정일은 예술이 수행하는 가장 위대한 인문학적 경험은 고통을 이해하는 능력을 키워주는 것이라고 했습니다. 특히, 시는 상실을 관리하는 예술이라고 했지요.

언론인이자 문학평론가 이어령은 감동感動을 글자 그대로 읽어보면 알 수 있듯이 사람도 동물도 느껴야 움직이는데, 이 감동을 주는 힘이 바로 음악이요, 예술이라고 했습니다.

예술은 이처럼 마음을 표출하고, 움직이고 소통하면서 진리를 담고 궁극적으로 우리를 자유로 이끄는 역할을 합니다. 우리가 문화 중에서 예술을 중점으로 들여다봐야 하는 이유가 바로 여기에 있습니다.

문화와 예술은 어떻게 만들어지는가

1750년 남미에서 일어난 일입니다. 포교를 위해 깊은 계곡으로 들어간 가브리엘 신부는 과라니족 원주민들한테 둘러싸입니다. 화살과 창을 들고 얼굴에 붉고 까만 칠을 한 이들이 노려보고 있습니다. 절체절명의 순간, 자칫하면 목숨이 날아가 버릴지도 모릅니다. 신부는 떨리는 손으로 피리를 붑니다. 사색이 되어 당황하면서 피리 소리를 냈지만, 어느 순간에 소리에 몰입하고 맙니다. 호전적인 원주민들이 그 소리를 듣고 있습니다. 계곡의 물살을 밟고 다가왔지만, 아름다운 선율을 방해하지 않았습니다. 놀랍게도 음악이 끝나자 원주민들과 가브리엘 신부는 하나가 되고 말았습니다. 그렇게 기독교가 과라니족들한테 전파됩니다.

롤랑 조페 감독의 1986년 영화 「미션^{The Mission}」의 한 장면입니다. 신부가 연주했던 곡이 엔니오 모리코네가 작곡한 「가브리엘의 오보에」(Gabriel's Oboe)입니다. 이 곡에 1998년 작사가 키아라 페라우(Chiara Ferrau)가 이탈리아어 가사를 작사해서 팝페라 가수 사라 브라이트만이 부른 노래가 「넬라 판타지아」(Nella Fantasia)입니다. 넬라 판타지아는 이탈리아어로 〈환상 속에서〉입니다. 우리말로 번역해서 그 구절을 살펴보면 이렇습니다. 환상 안에서 한 공정한 세계를 보았는데, 모두 정직하고 평화롭게 살아가고 있습니다. 언제나 자유로운 영혼들에 대한 꿈을 꿉니다. 날아다니는 구름처럼. 영혼의 바닥에서 인간다움으로 가득한. 환상 안에서 빛나는 세계를 보았는데 그곳은 밤이 덜 어둡습니다. 환상 안에서는 친구와 같이 도시를 향해 불어 들어오는 따뜻한 바람이 있습니다.

이 환상은 실제로 이뤄지지 않기에 공상이나 허상일 수 있겠지만, 부드럽게 얘기하자면 상상일 수도 있습니다. 공정하고 정직하고 평화로운 세상, 자유로운 영혼의 빛나는 세계, 인간다움이 가득한 아름다운 세상이 어쩌면 존재할 수도 있고 가능할 수도 있습니다. 그것을 〈희망〉과 〈꿈〉이라고 얘기할 수도 있겠습니다. 지독한 현실 속에서 지극한 경지를 향해 희망과 꿈을 품는 것이 바로 예술이겠습니다.

군인, 정치인, 경찰의 복장을 한 세 사람 앞을 걸어가던 여자가 있습니다. 땅에 무릎을 꿇고 앉아서 그들의 신발을 혀로 핥습니다. 베네수엘라 출신 예술가 데보라 카스티요(Deborah Castillo)가 2019년 3

월 17일에 브라질 상파울루 거리에서 행한 퍼포먼스입니다. 데보라의 행위는 프랑스 시인 자크 프레베르^{Jacques Prevert}의 시 「자유지역 ^{Quartier Libre}」을 떠오르게 합니다. 시의 전문은 이러합니다.

> 군모를 새장에 벗어 담고
> 새를 머리 위에 올려놓고
> 외출했더니
> 그래 이젠 경례도 안하긴가? 하고
> 지휘관이 물었다
> 아뇨
> 경례는 이제 안합니다 하고
> 새가 대답했다.
> 아 그래요?
> 미안합니다 경례를 하는 건 줄 알았는데
> 하고 지휘관이 말했다.
> 괜찮습니다 누구나 잘못 생각할 수도 있는 법이지요 하고
> 새가 말했다.

시에서는 지휘관과 시적 화자와 새가 나옵니다. 군인이 쓰는 모자를 벗어서 새장에 담아서는 머리 위해는 군모 대신 새를 올려놓고 걸어가고 있습니다. 지휘관이 불러 세워서는 경례도 하지 않느냐고 물어봅니다. 나를 대신해서 새가 대답합니다. 경례를 이제 하지 않는다고 하니 지휘관이 말합니다. 미안하다고 우선 사과부

27

터 하고는 경례를 하는 건 줄 알았다고 합니다. 지휘관의 태도는 냉엄하지만, 구태의연합니다. 당연히 경례해야 하는 거라고 알면서 평생을 살아왔을 것입니다. 그런 태도로 자신도 상대방도 구속했을 게 분명합니다. 그런데 이제 〈새〉가 경례를 이제 하지 않는다고 당당하게 답합니다. 지휘관의 태도는 어쩐지 한풀 꺾여 있습니다. 그래서 사과부터 하고 물어보는 거였습니다. 그런 지휘관의 모습을 보며 새는 괜찮다고 하면서 누구나 잘못 생각할 수도 있다고 답합니다. 그렇게 새가 답하면서 살짝 미소를 머금었을 것도 같습니다. 새는 여유만만해 보입니다. 너그럽게 용서해주는 마음도 보입니다. 지휘관과 새와 나(숨겨져 있는 시적 화자)는 실은 하나입니다. 군모를 쓰고 삶이라는 전쟁터에서 나와 싸우고 타인과 세상과 싸웠던 그 시기가 지나가 버렸습니다. 언젠가는 그렇게 치열하게 싸우면서 살았던 게 분명합니다. 전쟁 종료를 선포하듯이 나는 군모를 벗어서 새장 안에다 두고 전쟁터가 아닌 새가 날아다닐 수 있는 세상으로 나갑니다. 나를 통제하고 관리하고 호명하고 지시했던 지휘관 역할을 하던 나는 흔히 해왔던 방식으로 나와 타인, 세상과의 경계선에서 경례해야 하는 게 아니냐고 합니다. 그동안 나를 지배해왔던 군모 대신 〈새〉가 그럴 필요가 없다는 말을 남깁니다. 그러면서 지휘관 역할을 해왔던 나를 공격하거나 업신여기지 않습니다. 오히려 너그럽게 괜찮다고 넘깁니다. 〈새〉는 분석심리학의 창시자이며 스위스의 정신과 의사 융[Carl Gustav Jung]의 식으로 말하자면 인간의 영혼입니다. 또 흔히 〈새〉는 자유를 상징하기도 합니다. 자유는 진리와 연결되어 있다는 점에서 볼 때 이 시에서 〈새〉는 숭고한 인간의 영혼을 의미한다고 할 수 있겠습니다.

다시, 데보라 카스티요의 퍼포먼스로 돌아와 볼까요? 그녀가 퍼포먼스를 할 무렵 베네수엘라는 최악의 상황이었습니다. 2019년 3월 7일부터 대정전 사태까지 발생한 베네수엘라는 수도 카라카스를 비롯해 총 25개 주 가운데 24개 주에서 정전이 발생해서 복구조차 제대로 되지 않고 있었습니다. 이에 따라 마라카이보의 한 대학병원에서는 신생아 80여 명이 숨지기도 했습니다. 막대한 석유 자원과 수자원을 보유한 천혜의 땅인 베네수엘라의 대규모 정전 사태는 정국의 혼란 속에 오랫동안 전력 시스템을 방치해 왔기 때문이라고 추정할 수 있습니다. 베네수엘라 의회는 그해 3월 11일에 국가비상사태 선포를 하기에 이르렀습니다. 베네수엘라는 극심한 경제난과 정치난까지 겹쳐 있는 형국입니다. 국민 가운데 상당수는 국경을 넘어 콜롬비아, 페루, 브라질, 칠레, 에콰도르 등으로 탈출하고 있기도 하지요. 최근 5년간 베네수엘라 국민의 11%인 340만 명이 외국으로 떠난 상황입니다. 정치와 경제가 이 지경이 된 것은 좌파 포퓰리스트인 니콜라스 마두로 대통령의 실책이라고 볼 수 있습니다. 그는 이전의 차베스 대통령이 하던 정책을 고수하면서 자신의 권력 기반인 군부를 등에 업고 있는 형편입니다. 데보라 카스티요의 예술 행위는 전적으로 베네수엘라 전체주의 정권을 비판하고 있습니다. 그녀가 퍼포먼스에서 입은 옷의 등에는 〈FUCK AUTHORITY(망할 권한)〉이라고 적혀있습니다. 부정적 방향으로 치닫는 문화에 예술이 일침을 가한 것이지요. 군화를 혀로 핥는 것은 데보라 카스티요이지만, 그녀의 머리 위에 앉은 보이지 않는 새는 이들한테 군모를 벗기는 중입니다.

리들리 스콧 감독의 2000년 영화 「글래디에이터^{Gladiator}」에서는 관중들의 환호에 집착하며 인기를 욕망하던 프록시모가 있습니다. 그와 대조적으로 주인공 막시무스는 치열한 검투에서 승리해서 관중들의 함성을 이끌어낸 직후, "이래도 만족 못 하겠나! 이래도!"라며 그들을 향해 절규합니다. 탐욕스럽고 공격적인 인간의 참담함 면모를 객관적인 눈으로 바라보는 힘이 바로 예술 속에 있습니다. 브라질 소설가 파울로 코엘류$^{Paulo Coelho}$의 소설 《11분》에 의하면, 〈소유하지 않으면서 소유하는 것〉입니다. 상황을 객관적으로 이끄는 주체적인 힘이 바로 예술에 존재하고 있습니다.

문화 속에서 싹트는 예술이 이러합니다. 예술은 문화에 뿌리를 두었지만, 그 문화 속에서 매몰되지 않고 진리를 담은 긍정 방향으로 자라납니다. 거기에는 인간의 에너지가 열정적이면서도 아름답고 진지하면서도 당차게 녹아있지요. 거기에는 온 우주의 에너지도 함께 하고 있습니다.

알파로서의 우리 문화와 예술

　　문화와 예술에 관해 얘기했지만, 이를 한마디로 구분해서 정의 내릴 수는 없습니다. 삶 안에서 문화와 예술이 녹아있기 때문입니다. 문화 안에서 예술이 잉태되는가 하면, 예술이 새로운 문화를 이끌고 가기도 합니다. 문화 안에서 살아가고 있지만, 새로운 삶의 형태로 문화가 만들어지기도 합니다. 정답도 확답도 없는 것이 삶입니다. 하지만 지향할 수 있는 방향성은 존재합니다. 앞에서 언급한 대로 진리, 탈은폐, 영혼, 긍정 에너지가 바로 그 방향성이겠습니다.

　　이를 시인 김종삼은 「누군가 나에게 물었다」라는 시로 노래하고 있습니다. // 누군가 나에게 물었다. 시가 뭐냐고 / 나는 시인이 못됨으로 잘 모른다고 대답하였다. / 무교동과 종로와 명동과 남산과 / 서울역 앞을 걸었다. / 저물녘 남대문 시장 안에서 / 빈대떡을 먹을 때 생각나고 있었다. / 그런 사람들이 / 엄청난 고생 되어도 / 순하고 명랑하고 맘 좋고 인정이 / 있으므로 슬기롭게 사는 사람들이 / 그런 사람들이 / 이 세상에서 알파이고 / 고귀한 인류이고 / 영원한 광명이고 / 다름아닌 시인이라고. //

누군가 시가 뭐냐고 나에게 물었는데 나는 시인이 못됨으로 잘 모른다고 답합니다. 무교동과 종로, 명동과 남산과 서울역 앞을 걷다가 저물녘이 됩니다. 그러다가 남대문 시장에서 빈대떡을 사 먹다가 사유의 폭을 확장하기 시작합니다. 시장통에서 드나드는 무수한 사람들을 바라보면서 문득 든 생각이었습니다. 먹고 살려고 고생하면서 물건을 파는 이들, 역시 먹고 살려고 물건을 사는 이들이 모인 그곳을 시적 화자(혹은 시인)은 바라봅니다. 순하고, 명랑하고, 마음 좋고, 인정이 있고, 슬기로운 눈으로 사람과 세상을 만나기 시작하지요. 그런 이들이 세상에서 알파이고, 광명이고, 고귀한 인류이고, 시인이라고 결론을 내립니다. 그러니 시는 삶입니다. 치열하게 부대끼며 살면서도 순수를 간직하면서 선량한 마음과 인정과 슬기를 간직하는 것이 바로 시인이고, 우리가 지향할 삶입니다.

이제 우리의 문화와 예술 안에서 이 알파(α, 그리스 문자의 첫째 자모, 〈최고〉라는 뜻)와 광명과 시인을 찾으려고 합니다. 그 이유는 우리의 고유한 문화와 예술이 지닌 치유의 힘 때문입니다. 이를 줄여서 〈문화치료〉라고 명명할 수 있겠습니다. 이렇게 이름을 내걸 수 있는 것은 반만년에 걸친 우리나라의 뿌리 깊은 역사와 우수한 민족성 때문입니다. 정신 심리치료를 주로 서양에서 가져오는 기존의 방식에서 탈피해서 우리 스스로 치료방식을 개발해야 하는 이유가 바로 여기에 있습니다. 물론, 여러 가설과 검증을 거쳐서 실험하고 분석하는 과학적인 절차가 필요합니다. 일단, 무조건 서양 의학 위주로만 생각하던 방식에서 우리 문화와 예술을 활용해서 깊은 성찰과 통찰로 접근하는 치유로 전환이 일어나야 하겠습니다.

동양에서는 고대로부터 학문의 근간을 직관과 지혜로 이끌어내고 이를 자연스럽게 삶 속에서 어우러지면서 살아왔습니다. 반면, 서양은 어떠한 원리를 적극적으로 증명하고 증거로 삼아 과학적으로 분석하고 해석해서 고유한 학설로 발표해 왔지요. 주로 이십 세기 이후 동양에서는 과학적인 분석으로 체계화된 연구를 다시 새롭게 배우게 됩니다. 이처럼 거꾸로 다시 수입된 학문이 정신·심리치료에서도 예외가 아닙니다. 이제 우리 문화의 탁월성에 기반한 〈문화치료〉를 개발하여 제시해야 할 필요가 있습니다. 그렇게 하는 것은 다음 두 가지 면에서 탁월한 영향을 끼칠 수 있기 때문이지요.

첫째는 우리 문화치료를 체험함으로써 내가 속한 문화의 일원으로서 자신에 대한 긍정적인 정체성이 형성됩니다.

둘째는 〈문화치료〉를 통해 나와 타인의 연결과 소통이 이뤄지기 때문입니다.

즉, 나는 외따로 존재하는 것이 아니라 긍정성 안에서 공동체를 이루고 있다는 건강한 인식이 자리 잡게 되고, 이는 곧 치유의 시작이자 연결점이 되는 것이지요. 통합 예술·문화 치료인 심상 시 치료에서 말하는 〈문화치료〉란 이처럼 우리나라 문화의 치유적인 속성을 발굴하여 이를 심리 및 정신 치료로 활용하는 것을 일컫습니다.

우리 민족은 우리 문화의 우수성을 잘 모르는 것 같습니다. 게다가 이를 활용할 생각도 하지 않지요. 우리 국민의 대다수가 행복과 거리가 먼 삶을 살고 있습니다. 빛나는 보석이 있는데도 못 알아보고 그저 지저분한 쓰레기라고 잘못 인식하거나 오해하고 있지요. 내면의 힘, 자기의 힘을 자각하지 못할 때, 삶은 곤고하고 피폐해집니다. 없는 것을 억지를 부려서 만들어내자는 것이 아닙니다. 존재하고 있지만 스스로 깨닫지 못하고 깊숙이 숨겨진 것들을 꺼내어 고스란히 바라보자는 것이지요. 그것도 탁월하고 우수한 것을 바르게 인식하고 수용하자는 것입니다. 그런 의미에서 특히 우리나라에서 이 시대에 활발하게 발굴하고 충분히 활용되어야 할 분야는 바로 〈문화치료〉라고 할 수 있습니다. 긍정적인 인식의 지평이 넓혀질 때 치유적 작용이 일어나게 될 것입니다. 그렇다고 횡적이고 종적인 면을 통틀어 존재하는 인류 보편적인 문화를 염두에 두지 않는 것은 아닙니다. 그런 보편성을 무시하고자 하는 것도 아닙니다. 그렇지만 치유적인 측면에서 우리 문화의 특수성과 우수한 면을 활용하는 것은 조금도 이상한 것이 아닙니다. 오히려 우리 문화의 탁월한 점을 치유로 포착하여 이를 임상 현장에서 기법으로 행할 때, 치유의 체험은 전 인류적으로 광범위하고 포괄적으로 일어날 것입니다. 진리는 모든 이에게 통하며 요한복음 8장 32절에 나오는 말씀을 인용해서 말하자면, 결국 우리를 자유롭게 하기 때문입니다.

우리 문화와 예술이 지닌 힘

　　우리 문화와 예술이 지닌 힘은 〈치유성〉으로 인해서 존재합니다. 이제 〈치유〉에 대해 좀 더 살펴보려고 합니다. 내 안에 존재하는 강력한 힘을 만나기 위해 마련된 지름길이 있습니다. 그것은 우리나라 대한민국 사람들만 가는 길이 아닙니다. 청소년들만 가는 길도 아닙니다. 현대인들만 가는 길도 아닙니다. 동양과 서양, 남녀노소, 과거와 현재를 아우를 수 있을 때 지름길의 효능은 탁월할 수 있겠지요. 그런 의미를 담고 그 지름길을 크게 세 가지 성격으로 마련해 놓았습니다.

　　첫 번째 길은 다음과 같습니다. 인간이 가진 면 중에서 강점과 미덕 등의 긍정적인 측면을 연구한 〈긍정 심리학〉이 있습니다. 이 심리학의 창시자인 마틴 셀리그먼Martin Seligman과 크리스토퍼 피터슨

Christopher Peterson의 VIA(Virtues in Action) 분류체계의 6개 영역을 포함한 길입니다. 6개 영역은 고대에서 현재에 이르기까지 전해져 내려오는 덕목들을 망라해서 재구성한 것입니다. 즉, 지혜, 자애, 용기, 절제, 정의, 초월입니다. 이 길을 〈긍정〉이라고 불러보겠습니다.

두 번째 길은 정신의학자인 데이비드 레이먼 호킨스David Ramon Hawkins가 밝힌 〈끌개 에너지 장〉들 중에서 인간 의식의 건설적인 에너지인 200 이상의 수준을 가져온 것입니다. 즉, 용기, 중립성, 자발성, 수용, 이성, 사랑, 기쁨, 평화, 깨달음입니다. 이 수준 중에서 〈용기〉는 첫 번째 길과 중복됩니다. 이 길을 〈에너지〉로 불러볼게요.

세 번째 길은 2018년부터 〈문화치료〉라는 용어를 처음으로 쓰기 시작하고, 계속 연구하고 있는 심상 시치료사 시아가 밝힌 우리 문화의 대표적 치유성 다섯 가지입니다. 즉, 용서, 해학, 포옹, 극복, 깨우침이며, 〈깨우침〉은 두 번째 길의 〈깨달음〉과 의미가 중복되어 〈깨달음〉으로 합칩니다. 그리고 여기에 하나를 더 보태봅니다. 문화와 예술, 삶과 치유 그리고 인간의 마음과 삶의 목적을 한데 이어가면서 절묘한 섭리를 의미하는 〈조화〉를 포함합니다. 그리고 이 길을 〈빛〉이라고 불러봅시다.

이로써 내면의 근원적 힘을 찾아가는 네 개의 길이 이뤄졌습니다. 이렇게요.

첫 번째 길: 긍정

두 번째 길: 에너지

세 번째 길: 빛

이제 이 길에 우리 문화와 예술을 가져오려고 합니다. 다음을 살펴봐 주세요.

첫 번째 길. 긍정: 행주치마, 똬리, 골무, 보자기, 솟대, 정화수, 고수레, 강강술래, 대문놀이(두 번째 길도 해당), 옹헤야(두 번째 길도 해당), 연날리기(두 번째 길도 해당), 단군, 흰 소, 차

두 번째 길. 에너지: 조각보, 부채, 복조리, 담장, 장독, 사랑방, 마당, 정자, 풍경, 달항아리, 복주머니, 명당, 줄타기, 봉선화, 덕담, 약손, 절,

세 번째 길. 빛: 댓돌, 불국사, 하회탈, 상엿소리(두 번째 길도 해당), 아리랑(두 번째 길도 해당), 자장가, 따오기, 도깨비, 처용, 바리데기, 공무도하가, 민화 속 호랑이, 품앗이, 까치밥(두 번째 길도 해당),

〈내면의 근원적 힘〉을 찾아가는 지름길에 놓인 이 대상들은 특별한 기회와 경험을 갖게 해줄 겁니다. 어쩌면 처음 만나보는 것이라서 서먹할 수도 있을 거예요. 그렇지만 익숙해지기 위해서는

자꾸 만나는 것이 필요하겠습니다. 이 길 위에 있는 존재들은 잘 접하지 않거나 처음 보는 것일 수 있지만, 전문가들만이 알 수 있는 것이 아닙니다. 일상에서 흔하게 접할 수 있고, 우리나라 사람이라면 한 번쯤은 접해봤을 수 있는 보편적인 문화와 예술입니다. 지금 자라나는 세대에서는 잘 모르지만, 어머니의 어머니들, 아버지의 아버지들은 누구나 경험하고 접해왔던 것들입니다. 이 땅의 주인이 지금 현재의 세대인 것 같지만 사실은 대대로 물려받은 땅에서 잠시 살아가고 있듯이 말이지요. 우리는 우리의 문화와 예술 안에서 선조들과 함께 소통하고 이어 나갈 수 있습니다. 우리가 하나로 이어져갈 때 그곳에 사랑의 힘이 체험할 수 있습니다. 반대로 낱낱이 흩어져버리고 각자 따로 있을 때 존재의 의미는 상실하고 맙니다. 우리는 늘 착각하곤 하지요. 이 세상에 나 혼자야. 내 슬픔과 아픔을 아무도 공감해주지 않아. 나만 늘 이렇게 고단하고 아파. 그런데 함께 이어져 있으면 이렇게 변하게 되지요.

　　나만 그런 게 아니구나. 내 슬픔과 아픔을 이해하고 함께 느껴줄 수 있는 이들이 있어. 지금 눈앞에 보이는 것이 전부가 아니구나. 보이지 않는 강력한 힘이 나를 변함없이 응원해주고 있어. 나도 그렇지만 누구나 때때로 자주 고단하고 아프고 힘들구나. 그렇지만 버텨내고 이겨낼 힘도 있구나. 이 정도는 훌훌 털어버릴 날이 올 거야!

　　오랫동안 이 책의 내용은 우리 문화와 예술로 존재해왔던 대상을 지금 여기로 가져와서 치유적 시각으로 다시 보고, 해석한 것입니다. 그리고 치유 현장에서 직접 체험할 수 있도록 심상 시치료 기법(통합 예술·문화치유)을 함께 적어놓을 수 있습니다. 문화와 예술 속에서 긍정 에너지를 찾고, 실제로 적용할 수 있는 방법까지 적은 이러한 글을 〈치유 비평〉이라고 합니다. 이 책에서는 각 대상마다 실행할 수 있는 심상 시치료 기법을 축약해서 잠시 생각해 볼 수 있도록 언급해 놓았습니다.

우리 문화와 예술 45가지

◆

◆

◆

행주치마 · 강강술래 · 똬리 · 골무 · 덕담 · 대문놀이

옹헤야 · 연날리기 · 보자기 · 차 · 단군 · 흰 소 · 고수레

솟대 · 정화수 · 달항아리 · 봉선화 · 약손 · 담장 · 장독

명당 · 복조리 · 줄타기 · 공무도하가 · 조각보 · 사랑방 · 절

마당 · 복주머니 · 부채 · 정자 · 풍경 · 상엿소리 · 아리랑

까치밥 · 자장가 · 따오기 · 불국사 · 처용 · 댓돌 · 바리데기

도깨비 · 민화 속 호랑이 · 하회탈 · 품앗이

행주치마

〈행주치마〉는 일을 할 때 치마 위에 덧입는 길이가 짧은 치마입니다. 〈행주〉란 그릇을 훔치거나 씻을 때 쓰는 헝겊을 말하는데, 행주치마는 아마도 이런 용도도 겸해서 사용했기 때문에 붙인 이름일 것입니다. 1527년에 최세진이 어린이들의 한자 학습을 위하여 지은 《훈몽자회_{訓蒙字會}》에서는 행주치마를 〈말포_{抹布}〉라고 풀이하고 있으며, 이는 〈닦는 천〉이라는 뜻입니다. 행주치마는 손에 묻은 물을 훔치거나 그릇 따위를 닦는 천 조각이라고 볼 수 있겠습니다. 부엌일을 할 때 치마 위에 덧입는 짧은 치마 격인 서양의 〈에이프런〉과는 차이가 납니다. 에이프런은 물이 묻거나 오물이 튀는 것을 방지하는 역할을 합니다. 우리나라의 행주치마는 부엌일을 하다가 물 묻은 손을 훔치고, 그릇의 물기를 닦기도 하고, 뜨거운 솥뚜껑을 들어 올릴 때 감싸기도 하는 등 상황에 따라 적절하게 쓰였습니다. 단순히 얼룩지지 않게 치마를 보호하기보다는 다용도로 활용했던 거지요.

또한, 1593년(선조 26년) 2월 행주산성에서 권율權慄이 왜병을 맞아 싸울 때, 성 안의 부녀자들까지 합세하여 치마에 돌을 날라 병사들에게 공급해줌으로써 큰 승리를 거두었다고 전해집니다.

흰색 무명류를 사용하여 치마의 반 폭 정도로 만들어 뒤가 휩싸이지 않게 하였고, 길이는 치마보다 짧게 만들었습니다. 걸을 때나 일할 때는 치마가 늘어지는 불편을 덜기 위하여 위로 걷어 올리고 허리띠로 매어 〈거들 치마〉를 하였는데, 그 위에 행주치마를 둘렀지요. 행주치마를 입고 일을 하다가도 웃어른 앞에 나설 때는 반드시 이를 벗는 것이 법도였다고 합니다.

행주치마는 군불에 구운 고구마 등 뜨거운 것을 집어 들거나 그릇이나 상의 물기를 닦는 용도로도 쓰였습니다. 다채롭고 다양하게 사용했을 뿐만 아니라, 전시 현장에서 용감하게 한몫을 한 것이 바로 행주치마입니다. 행주치마에는 조상들의 지혜가 담겨 있습니다. 생활 속에서 가장 먼저 닿고 부대끼는 역할을 했다고 볼 수 있습니다.

행주치마는 그것을 사용한 사람과 가장 가까이에 있으면서 온 갖 사정을 다 알고 있을 것입니다. 행주치마를 입은 여자의 눈물을 닦아주기도 하고, 누군가의 눈물을 슬며시 닦아주기도 했을 테지요. 때로는 여러 감정으로 얼룩진 얼굴을 덮어주기도 하고 곳곳의 물기를 훔쳐주기도 했을 것입니다. 행주치마는 삶의 터전에서 많이 부대끼면서 슬기롭게 활약한 존재였습니다. 이처럼 행주치마는 생활 속에서 직면하면서 힘들 때 맞서 싸우는 용기를 지녔습니다. 지혜롭고 슬기롭게 상황에 잘 대처해가며 행주치마는 보호하고 감싸주면서 힘 있게 대항하는 기능으로 일상에서 널리 쓰였던 거지요.

행주치마는 생활에서 가장 앞서서 직면하고 당당하게 헤쳐나가는 역할을 해왔습니다. 행주대첩에서 적군을 물리치기 위해 돌을 나르는 역할을 감당하기도 했듯이요.

어떤 일을 오롯이 직면하는 지혜, 도망가지 않고 맞서서 이겨내는 행주치마의 용기를 내 안에서 찾아볼까요? 피하지 않고 맞닥뜨리며 슬기롭게 해결해 나가는 행주치마 같은 삶의 태도를 지녀보면 어떨까요?

강강술래

　강강술래는 대보름이나 한가위에 함께 모여 손을 잡고 추는 민속놀이입니다. 1966년에 중요무형문화재 제8호로 지정되었으며, 2009년 유네스코 인류무형문화유산으로 등재되었지요. 주로 한반도의 남서쪽 지역에서 널리 행해졌지만, 오늘날에는 주로 전라남도의 해남군과 진도군에서 이루어지고 있습니다. 원무를 추면서 〈강강술래〉를 반복해서 노래했어요. 특히 느린 진양조로 부를 때는 〈강강수월래〉로 길게 발음하였다고 합니다. 강강술래의 원형은 고대 중국의 문헌에 의하면 약 2,000년 전에 존재했던 마한의 농촌 풍습에서 발견됩니다.

이를 의미 있게 적용한 것은 임진왜란 때입니다. 이순신 장군이 해남 우수영에 진을 치고 있을 때였지요. 마을 부녀자들을 모아 남자 차림을 하게 하고, 옥매산 허리를 빙빙 돌도록 했다고 합니다. 바다에서 옥매산의 진영을 염탐하던 왜병은 이순신의 군사가 한없이 계속해서 행군하는 것으로 알고, 겁을 먹고 달아났다고 해요.

고대로부터 우리나라 사람들은 달의 운행 원리에 맞추어 자연의 흐름을 파악하였고, 세시풍속에서 보름달이 차지하는 위치는 가장 중요했습니다. 달이 가장 밝은 날에 고대인들이 축제를 벌여 춤과 노래를 즐겼던 것이 〈강강술래〉로 전승된 것으로 여기기도 합니다. 이렇게 전승된 〈강강술래〉를 이순신이 의병술로 채택하여 승리를 거둠으로써 더욱 큰 의미를 지니게 되었다고 볼 수 있습니다.

놀이의 진행 과정 및 방법은 다음과 같습니다. 한가위가 가까워지면 소녀들이 먼저 〈강강술래〉를 시작합니다. 〈아기 강강술래〉인 셈이지요. 소녀들이 수 명 또는 10여 명이 모여 손에 손을 맞잡고 마당에서 원을 그리며 빙빙 돌고 노래하고 춤을 춥니다. 이렇게 며칠을 계속하다가 음력 8월 14일 밤이나 15일 밤에는 어른들이 나와서 본격적인 〈강강술래〉를 벌입니다. 동쪽 산 위에 만월이 솟아오르기 시작하면 아낙네들도 마을의 넓은 마당이나 평지에 모여듭니다. 그러다가 달이 뜨면 본격적으로 손에 손을 잡고 오른쪽으로 돌면서 〈강강술래〉를 시작하는 거지요.

목청 좋고 소리 잘하는 여인이 맨 앞에 서서 메기는 소리를 하면, 나머지 사람들은 "강강술래" 하고 받는 소리를 합니다. 한바탕 뛰고 노는 시간은 일정하지 않고, 맨 앞에서 노래를 선창하는 사람의 리드에 따라서 길 수도 짧을 수도 있어요. 〈강강술래〉 소리는 구절마다 있는 후렴이며, 가사는 일정하게 정해져 있지 않고 즉흥적으로 길게도 짧게도 부를 수가 있으며, 가락 또한 완급을 자유롭게 할 수 있었어요. 타령이나 노랫가락의 구절이 삽입되는 수도 있고, 가락은 육자배기와 마찬가지로 전형적인 남도악의 계면조로 되어있습니다.

강강술래는 우리나라 춤 가운데서 유일하게 손을 잡고 추는 집단 무용입니다. 원무를 기본으로 하고 중간에 여러 놀이가 삽입되지요. 왼손을 앞으로 하고 오른손을 뒤로 돌린 자세에서 왼손으로 앞사람의 오른손을 잡고, 오른손으로 뒷사람의 왼손을 잡아 원형을 만들지요. 잡을 때는 손가락을 오므려서 상대방의 손가락과 얽어 쥐게 됩니다. 선창자의 노래에 맞추어 서서히 발을 옮겨 원을 그리면서 왼쪽으로 돕니다. 처음에는 진양조로 느린 가락에서 시작하다가 가락이 차츰 빨라지면서 가볍게 어깨 놀림이 시작되고, 손을 잡는 간격도 넓어지면서 원이 커지게 되지요. 원무를 추다가 흥이 나면 중간에 다른 놀이들이 삽입되기도 합니다. 남생이 놀이, 멍석말이, 고사리 꺾기, 청어 엮기, 문 열기, 기와밟기, 쥐쥐새끼놀이, 가마등, 도굿대당기기, 수건 찾기, 품고동, 봉사 놀이 등을 행하기도 했어요.

강강술래는 〈달의 춤〉입니다. 꽉 찬 달처럼 손에 손을 잡고 춤을 추는 형태도 달이지요. 흥에 겨워 춤을 추면서 스트레스를 해소하면서 도타운 정도 느꼈을 테지요. 춤에 몰입하면서 흠뻑 흥취에 젖기도 했을 거예요. 강강술래에는 달이 주는 풍성한 이미지를 담아서 풍요나 축복을 기원하는 마음도 담겨 있습니다. 〈원〉은 원만한 인격, 인간의 마음, 세상을 모나게 살지 않는 슬기로움, 마음의 구심력을 의미합니다. 원을 지어 춤을 출 때, 고달프고 힘든 삶 가운데 서로의 손을 잡고 힘차게 잘 굴러나갈 것을 희망하는 마음과 무리를 지어 합심하는 마음을 함께 담았을 겁니다. 하늘에는 둥근 달이, 땅에는 사람들끼리 만든 달이, 저마다 마음에는 하늘과 땅의 기운으로 만든 달이 담겨 환하게 빛나며 출렁거리는 기운을 느꼈을 테지요. 이처럼 강강술래는 강한 집단 결속의 힘을 드러내었습니다. 임진왜란 때, 이순신 장군의 기지로 인해 적군을 물리치는 역할까지 해냈듯이요. 춤이 곧 힘이 되었고, 춤이 무력을 진압하고만 거지요. 이러한 점에서 강강술래는 〈지혜〉를 담고 있다고 볼 수 있습니다.

> 밝고 환한 보름달 아래 사람들이 모여 원을 그리면서 서 있다고 상상해볼까요? 나도 누군가의 손을 잡고 있습니다. 누구의 손인가요? 모인 이들 모두 함께 강강술래를 추고 있어요. 어떤 느낌일지 떠올려볼까요?

똬리

똬리는 물건을 머리에 일 때 머리와 물건 사이에 괴는 고리 모양의 받침 도구입니다. 볏짚이나 삼으로 만들어, 딱딱한 물건을 머리에 이고 다닐 때 완충 역할을 했습니다. 언제부터 똬리를 사용했는지 자세히 알 수는 없지만, 삼국시대 때 바닥이 둥근 토기가 많이 사용되었으므로 토기를 머리에 이고 다니기 위해서 똬리도 함께 사용했을 것으로 추정됩니다.

1779년 학자 이담과 역관 김진하 등이 만주어를 한문과 한글로 풀이한 사전인 《한한청문감韓漢淸文鑑》에서는 〈두상정물권자頭上頂物圈子〉를 예전에는 〈또애〉로 불렸던 것으로 보입니다. 형태는 둥글며, 위는 좁고 바닥은 사람 머리 위에 얹힐 정도로 넓게 만듭니다. 새끼로 십 센티미터 정도의 원을 만들어서 짚으로 감아 심을 만듭니다. 심은 짚이나 새끼로 만들며, 왕골 겉껍질이나 줄껍질, 부들껍질로 겉을 싸서 반질반질하게 마감했지요. 전체적으로 둥근 원형이고 가운데 구멍이 나 있으며, 테두리에는 끈을 매달아서 물건을 머리에 일 때 똬리가 움직이지 않도록 한 손으로 잡거나 입에 물기도 했습니다. 짚을 둥글게 욱이거나 헝겊 따위를 막아서 쓰기도 했지요. 똬리는 근대 시기에 상수도가 일반화되기 이전, 우물물을 긷고 다닐 때 흔히 사용했습니다.

똬리는 무거운 물건을 머리에 일 때, 아프지 않도록 받쳐주는 역할을 했습니다. 짐을 질 때의 하중으로부터 머리를 보호해주는 똬리는 각자의 삶을 살아나가야 하는 인간의 존재를 새롭게 사유하게 합니다. 저마다 고단한 짐과 무거운 십자가를 짊어지고 가야 하는 삶 속에서 아예 짐을 없애거나 사라지게 할 수는 없겠지요. 주어진 짐을 견디고 이겨내게 하는 힘이 바로 똬리입니다. 주어진 각자의 짐을 짊어진 채 정해진 길을 걸어가서 목적지에 도달할 때 짐과 함께 머리에서 내려오게 되는 것이 바로 똬리입니다. 그렇게 짐을 부려놓는 순간까지 똬리는 제 역할을 온전히 감당합니다. 삶에서 이러한 똬리의 역할은 무척 중요합니다.

누구나 힘들고 고통스럽지만 버텨내면서 살아나가야 할 때가 있습니다. 그럴 때 아픔을 견뎌내기 위한 적극적인 개입과 부드러운 완화가 꼭 필요하지요. 〈심리적인 똬리 놓기〉는 바로 삶을 제대로 살아나가기 위한 슬기로운 방법입니다.

내 마음에 무거운 짐이 있다면 무엇일까요? 그 짐을 반드시 가지고 가야만 합니다. 힘들지만 내려놓을 수가 없지요. 내 마음의 똬리를 떠올려봅시다. 나를 감싸주고 응원해주고 보호해주는 마음의 똬리가 분명히 나한테 있습니다. 그래서 견딜 수 있고 해낼 수 있습니다. 내 마음의 똬리를 한 마디로 하면 무엇이라고 말할 수 있을까요?

골무

골무는 바느질할 때 쓰는 기구입니다. 바늘을 눌러 밀어 넣을 때 손가락을 보호하기 위해서 대개 검지에 끼는 재봉 용구이지요. 오른손 중지 끝에 끼는 반지 모양의 골무도 있습니다. 중국에서 약 4,500년 전 명주가 생산되고 나서 바느질에 필요한 바늘이 처음으로 생겨났습니다. 크기는 현재의 4분의 1 정도의 짧은 바늘이었다고 합니다. 이 짧은 바늘을 사용하기 위해 골무가 발명되었다고 해요. 우리나라에서는 기원전 1세기에 낙랑에서 사용했다는 사실이 고분에서 발견된 골무로 인해 밝혀지기도 했지요. 이 골무는 은제 銀製로 만들어졌으며, 생김새와 용도는 현재의 골무와 똑같다고 합니다.

골무는 재질에 따라 다음의 네 가지 종류로 나눌 수 있습니다.

첫째는 가죽제입니다. 사슴 가죽·쇠가죽을 너비 1센티미터, 길이 7센티미터로 잘라서 무두질한 가죽의 표면 쪽을 손가락에 대고 손가락 굵기에 맞추어 적당한 길이로 자릅니다. 그다음 실로 감쳐 반지 모양으로 만들어 손가락에 끼는 것입니다. 쇠가죽의 이면에는 셀룰로이드를 대어 바늘이 들어가지 못하게 하기도 했지요.

두 번째는 금속제입니다. 옛날에는 놋쇠로 만든 골무가 애용되었지만, 손가락에 묻는 녹청이 유독하다 하여 사용하지 않게 되었습니다. 요즈음은 합금을 사용하기 때문에 녹청의 피해는 없습니다.

세 번째는 셀룰로이드celluloid제입니다. 셀룰로이드는 1869년 미국의 하이엇Hyatt 형제가 발명하였다고 알려져 있습니다. 나이트로 셀룰로스에 장뇌와 알코올을 섞어서 만든 반투명한 합성수지를 말하지요. 섭씨 90도 이상에서 유연하나, 냉각하면 굳어지고 발화하기 쉬운 결점을 갖고 있습니다. 이 소재로 골무를 만들어 쓰면 바늘이 미끄러지기 쉬운 결점이 있습니다.

네 번째는 헝겊 또는 종이를 여러 겹으로 배접하여 만드는 겁니다.

골무는 조선 후기의 작품으로 추측되는 작자 및 연대 미상의 한글 가전체 작품인 「규중칠우쟁론기閨中七友爭論記」의 바느질에 쓰이는 도구 일곱 가지 중 한 가지로 등장하기도 합니다. 내용은 다음과 같습니다.

주부인이 바느질을 하다가 낮잠이 들었어요. 그사이에 규중칠우, 즉 바느질에 쓰이는 도구인 척부인(자), 교두각시(가위), 세요각시(바늘), 청홍각시(실), 감투할미(골무), 인화낭자(인두), 울낭자(다리미) 등이 각기 자기가 없으면 어떻게 옷을 짓겠냐면서 서로의 공을 다툽니다. 이들이 논쟁을 벌이는 소리에 놀라 낮잠에서 깨어난 주부인이 너희들이 공이 있다 한들 자기 공만 하겠느냐고 책망하고는 다시 잠듭니다. 그러자 규중칠우들은 부녀자들이 자신들에게 가하는 부당한 대우에 대해 불평을 토로하지요. 결국 재차 잠에서 깨어난 주부인이 화를 내면서 모두 쫓아내려 하였으나 감투할미가 용서를 빌어 무사하게 되었습니다. 그 이후로 감투할미는 주부인의 각별한 사랑을 받게 되었다는 얘기입니다.

《망로각수기忘老却愁記》에 실린 「규중칠우쟁론기」의 구절 중 마지막 감투할미의 말을 그대로 옮겨 봅니다.

"젊은 것들이 망령되게 생각이 없는지라, 잘 알지 못하리로다. 저희들이 재주 있으나 공이 많음을 자랑하야 원망하는 말을 지으니 마땅히 결곤決棍해야 하나, 평일 깊은 정과 저희 조그만 공을 생각하야 용서하심이 옳을까 하나이다."
여자가 답하여 말하기를, "할미 말을 좇아 물시勿施하리니, 내 손부리 성함이 할미의 공이라. 꿰어 차고 다니며 은혜를 잊지 아니하리니 금낭錦囊을 지어 그 가운데 넣어 몸에 지녀 서로 떠

54

나지 아니하리라." 하니 할미는 고두배사_叩頭拜謝하고 모든 벗들
은 부끄러워 물러가니라.

위 작품에 나오는 골무를 보면, 세태와 여론에 휩쓸리지 않고
평정심을 찾으며 중재와 용서를 청하는 올곧은 마음을 알 수 있습
니다. 게다가 자랑을 일삼고 공을 알아주지 않는다고 원망하는 마
음까지 고백하며 허물을 덮어두기를 간청하고 있습니다. 작품에
나오는 골무의 대사가 아니더라도 골무의 역할은 자애롭기 그지
없습니다. 날카롭고 뾰족한 바늘로부터 손가락을 온몸으로 감싸
안으며 보호하는 역할을 도맡아 하고 있지요. 골무는 존재 자체로
따뜻한 자애의 마음을 가지고 있다고 할 수 있겠습니다.

손가락을 안아주고 보호해주는 골무! 내 손가락에도 골무가
있어 나를 보호해주고 있다고 상상해볼까요? 이 골무가 우
주의 에너지와 연결되어 있다고도 떠올려봅시다. 이왕이면
내 손가락을 감싸주고 있는 골무의 색깔도 떠올려봅시다. 손
가락을 쓰는 무수한 일들 속에 우주의 에너지가 깃들어 있다
니! 상상만해도 힘이 느껴지지 않나요?

덕담

덕담은 잘되기를 바라는 말로서 주로 새해에 많이 나누는 말입니다. 친척이나 지인들과 서로 잘되기를 비는 인사의 말이며 악담과 반대의 의미를 갖습니다. 새해의 소망을 실어서 상대가 반가워할 말, 소원을 담은 말을 들려주는 것입니다. 원래 덕담의 의미는 축원보다는 좋은 일을 미리 예정하고 이를 단정해서 경하하는 것이지요. 즉, "금년에 합격하셨다고요. 축하합니다" 라면서 그 일이 일어나기 전에 일찍 축하해주는 식입니다. 멀리 있는 이들끼리는 사람을 보내어 전갈하면서 덕담을 교환하기도 하고, 서신으로 덕담을 주고받기도 합니다. 〈벌써〉라는 말과 〈~ 되셨다지요〉라는 말을 넣는 것이 원칙입니다.

이러한 인사를 하는 이유는 다음 두 가지 측면에서 생각해볼 수 있다. 먼저, 우리 선조들은 언어에 신비한 힘이 들어 있다고 믿었기 때문입니다. 〈무엇이 어떻다〉고 하면, 그렇게 말함으로써 그대로 실현되는 힘, 영험한 능력을 가지고 있다고 생각한 것입니다. 즉, 덕담은 그러한 영험한 효과를 기대하면서 생겨난 세시풍속인 거지요. 다음으로는 만사에 길흉을 알려주는 징조가 있다고 믿어, 세상사에 대한 기운을 알려고 했던 점입니다. 그중의 하나가 〈청참聽讖〉입니다. 새해 첫 새벽 거리에 나가서 방향도 없이 발이 닿는 대로 돌아다니다가 처음 들리는 소리로써 그해의 신수를 점치는 것을 청참이라 합니다. 덕담은 일종의 청참적 성격을 띠고 있습니다. 맨 처음 덕담을 듣게 되면 그해 운이 좋게 뻗어 나간다고 본 것이지요. 즉, 새해 처음 듣는 소리로 1년의 신수를 점칠 수 있다고 믿었고, 그러한 관습이 이어져서 사람 대 사람이나 집안끼리 처음 교환하는 인사에 덕담을 사용하게 된 것입니다.

현대에 와서는 그 의미가 변형되어 그저 좋은 말을 해주거나 희망하는 말을 해주는 것을 가리키게 되었습니다. 즉, 고유한 풍습에 의해 상대방이 바라는 말을 해주기보다는 말하는 이가 듣는 이한테 바라는 말을 일방적으로 전달하는 방식으로 하기에 본래의 의미가 많이 퇴색되었다고 볼 수 있습니다.

덕담은 소망, 희망, 염원, 축복 등을 가지고 있습니다. 상대방이 원하는 대로 잘되기를 바라는 강렬한 긍정 에너지가 포함되어 있지요. 또한, 상대방을 위한 따뜻한 마음이 담겨 있습니다. 상대방의 행복이 곧 자신의 행복이라고 여기는 인정 가득한 마음까지 읽을 수 있습니다. 그저 멀찌감치 놓아둔 채 소망을 던지는 것이 아니라 가까이에 다가가 꿈을 이룬 미래를 현재로 미리 앞당겨 상서로운 기운을 퍼뜨리고 있는 겁니다. 이미 이뤄졌다고 믿고 미리 축하하는 마음을 전하는 것은 듣는 이로 하여금 분명히 해낼 수 있다는 자신감을 갖게 합니다. 다만, 이러한 덕담이 부담스럽거나 거북살스러울 수도 있습니다. 상대방을 위하는 간곡한 마음과 경계를 허물고 하나로 합친 마음에서 주고받는다면, 덕담이야말로 함께 드리는 기도입니다. 그 일이 일어나기를 학수고대하지만, 그럴 때일수록 불안하고 초조하기 십상이지요. 이럴 때 기도는 마음을 다시 세우고 일어나는 그대로 받아들이게 하며 순리대로 내맡기는 힘을 내게 합니다.

어쩔 수 없는 인간의 한계를 극복할 수 있는 유일한 방법은 인간 안에 있는 신의 존재를 기억하는 것이니까요. 인간은 소우주이며, 만물을 주관하는 신, 대우주와 접합하고 신과 소통하고 있다는 사실을 깨닫는 것만으로도 긍정 에너지가 활성화됩니다. 덕담이 주는 획기적인 긍정적 에너지를 열린 마음에서 받아들일 때, 마음의 문을 열고 받아들인 그 만큼 이뤄질 것입니다.

기도 같은, 소망 같은 덕담. 내가 나한테 무엇이라고 해줄 수 있을까요? 간절히 원하는 소망이 있다면, 이미 그 일이 일어난 미래로 가서 내가 나를 축하해줍시다. 미리 축하해주는 것! 내가 나한테, 또는 누군가한테 덕담 선물을 선사해봅시다!

대문놀이

　대문놀이는 두 사람이 양손을 잡아 올려서 문 모양을 만들면, 그 아래로 다른 사람들이 빠져나가면서 노는 놀이를 말합니다. 〈문 뚫기, 문 열기〉라는 이름으로도 불렸지요. 달이 밝은 밤에 주로 행해지며, 전국적으로 성행하였습니다. 특히 전라도 지역에서는 한가위에 〈강강술래〉와 함께 대문놀이를 즐겨 했습니다.

　두 패를 나누어서 노는 방법과 패를 가르지 않고 두 사람의 문지기만 정해서 노는 방법이 있습니다. 패를 가르고 노는 방법은 패를 나눈 뒤 같은 패끼리 손을 잡고 일직선이나 반원형으로 늘어섭니다. 양 패의 선두가 가위바위보를 해서 진 편에서 두 줄로 늘어서서 맞은편의 사람과 서로 손을 잡아서 문을 만듭니다. 상대편이

"대문을 열어라"라고 하면, "열쇠가 없어서 못 열겠다"라고 답하지요. 다시 상대편에서 "열쇠를 줄게. 열어다오" 하면, "그럼 열어줄까?" 하는 문답을 주거니 받거니 합니다. 문답이 끝나면 본격적인 놀이가 시작됩니다. 한쪽의 선두가 맞은편 사람과 잡은 손을 높이 들어 문을 열고, 상대편은 각기 앞사람의 허리를 잡고 고개를 숙여 문 아래로 빨리 빠져나가려 하고 문을 만든 편은 도중에서 팔을 내려서 나가지 못하도록 방해합니다. 이때 줄이 도중에서 끊어지지 않고 모두 빠져나가면 이기는 거지요. 도중에 줄을 끊기 위해서 틈을 엿보고 있다가 문을 탁 내려서 걸리도록 하기도 합니다.

이 밖에도 다양한 놀이 방법이 있습니다. 같은 편끼리 손을 잡고 상대편의 팔 밑으로 빠져나가기도 하고 양손을 맞잡고 앉아 있는 상대편의 팔 위로 뛰어넘기도 합니다. 이때 뛰어넘지 못하고 걸려서 줄이 끊기거나 팔 밑으로 빠져나갈 때 걸려서 줄이 끊어지면 지게 되어 역할을 서로 바꾸기도 하지요. 패를 가르지 않고 노는 방법은 다음과 같습니다. 두 사람이 문지기 역할을 합니다. 문지기는 손을 맞잡아 올려 문을 만들고, 다른 사람들은 일렬로 서서 앞사람의 허리를 두 팔로 껴안고 구부린 채 문 아래를 빠져나갑니다. 놀이 집단의 전 인원이 빠져나가고 나면 그다음 사람이 문지기가 되어 놀이를 계속합니다. 노래가 끝날 때는 팔을 내려 문을 닫아걸고, 이때 잡힌 사람이 문지기가 됩니다.

일제강점기 때부터 많이 불러왔던 "동동동동 동대문 / 동대문을 열어라 / 남남남남 남대문 / 남대문을 열어라……"는 실은 일본식 곡조입니다. 우리 전통 동요로 국립국악원이 편보한 자진모리 장단의 곡은 다음과 같습니다.

문지기 문지기 문 열어라
열쇠 없어 못 열겠네
어떤 대문에 들어갈까
동대문에 들어가

문지기 문지기 문 열어라
열쇠 없어 못 열겠네
어떤 대문에 들어갈까
서대문에 들어가
(……)

문지기 문지기 문 열어라
덜커덩떵 열렸다

〈대문놀이〉(출처 : 초등학교 2, 3학년 음악책)

문지기는 있으나, 문을 열라고 하면 열쇠가 없다고 능칩니다. 문지기가 열쇠를 지니지 않은 채 문을 지키고 있을 법도 하지만, 마지막 구절까지 부르다 보면, 열쇠가 없는 것이 아닙니다. 문을 열라고 간청하거나 명령하는 자의 입장에서는 여간 답답한 게 아니지요. 문이 열리지 않으니 들어갈 수가 없는 것이 명백한데, 그 답답함을 호소하거나 울분을 토하지 않습니다. 다만 담대하고 담백하게 인내심을 발휘해서 몸을 움직입니다. 동대문에서 시작해서 서대문, 남대문, 북대문까지 그야말로 사방팔방 애씁니다. 지극 정성으로 문을 열고 들어가기 위해 열정을 다합니다. 닫힌 문 앞에서 주저앉지도 않습니다. 진취적인 행동으로 적극성을 띠고 돌진해나가지요. 막막한 현실을 앞에서 포기할 만도 하지만, 그러지 않고 끝까지 모든 문을 향해서 다가갑니다. 한 문이 닫히면 다른 문이 반드시 열릴 것이라는 강렬한 희망으로 용솟음칩니다. 급기야 북대문에 이르러서 문이 〈덜커덩떵〉 열립니다. 대문놀이의 진수는 문이 〈열리는 것〉에 있습니다. 〈못 연다〉로 시작했지만, 〈열린다〉로 끝나지요. 이 과정이 축약된 노래로 나타날 때는 쉬워 보이나, 그렇지 않습니다. 엄청난 아픔과 시련과 고통과 극복의 과정이 녹아있습니다. 〈열쇠 없어 못 열겠다〉는 거절에도 결코 주눅 들지 않습니다. 안 되면 될 때까지 해보겠다는 엄청난 용기가 담겨 있습니다. 누구든지 할 수는 있지만 하려고 엄두를 낼 수 없는 집념과 끈기, 신념과 도전에 대한 용기가 돋보입니다. 그리하여 결국 문이 열리게 되지요!

간절하게 열리기를 원하는 문이 있습니다. 몇 번을 두드려도 잘 열리지 않습니다. 열릴 것이라고 믿고 다시 두드려봅시다. 조급하거나 초조한 마음을 내려놓는 것이 중요합니다. 문이 여기 이렇게 있으니, 내가 소망하는 대로 열릴 수밖에 없다고 여겨봅시다. 다만 감사할 뿐이라는 마음으로 두드려봅시다. 문이 열릴 때 느낄 기쁨도 함께 간직하면서 두드려봅시다. 감사와 기쁨이 벅차오를 때, 놀랍게도 이미 열린 문 안으로 들어서는 나 자신을 발견하게 될 거예요.

옹헤야

〈옹헤야〉는 보리타작을 할 때 도리깨질을 하면서 부르는 소리입니다. 보리타작 때 도리깨를 내려치며 "오헤" 혹은 "옹헤야" 하며 소리를 합니다. "옹헤야"는 "오헤"를 길게 할 때 소리를 늘리면서 하는 소리로 추측됩니다. 영헌, 경산, 함양, 거창, 산청, 밀양 등 경상도 지역에서 부르던 소리가 전문 소리꾼들에 의해 널리 알려졌지요. 후렴을 받는 소리도 지역에 따라 "어", "허야", "어화", "에야이야", "옹헤야" 등 다양합니다. 음계는 경상도, 강원도, 함경도에서 주로 부르는 민요의 특징적인 3음, 메나리토리인 〈미-라-도〉를 기본으로 합니다. 도리깨질에 맞추기 위해 노래가 반장단에 메기고 반장단에 받아주는 식으로 되어 있습니다. 여기에서 육자배기토

리인 전라도에서는 특유의 꺾는 음 〈도-시〉가 들어가기도 하지요.

도리깨는 보리를 타작할 때 긴 장대에 짧은 막대를 달아 돌릴 수 있게 만든 농기구입니다. 마당에 펼쳐놓은 보릿단을 내리치면서 보리를 텁니다. 여러 명의 도리깨꾼이 둥그렇게 또는 반원형으로 둘러서서 작업을 하지요. 이때 한 명의 목도리깨(상도리깨)꾼이 작업을 지시하고 구성진 소리로 재미를 북돋우면, 나머지 종도리깨(곱도리깨)꾼들이 "옹헤야" 또는 "오헤", "어" 등으로 받습니다. 〈옹헤야〉는 빠른 속도로 보리를 터는 노동요이기에 매우 빠른 속도로 부르며 보리를 수확하는 기쁨과 함께 즐겁고 신명나게 부릅니다. 도리깨질은 단순한 작업을 오랫동안 지속해야 하는 힘든 작업이므로 이러한 고된 일을 하는 마음을 달래고 합심하기 위해서 불렀지요.

다음은 경기도 지방에서 불렀던 자진모리장단의 옹헤야입니다.

(받는소리) 에헤헤헤 옹헤야 어절시구 옹헤야 잘도헌다 옹헤야
옹헤야 옹헤야 어절시구 옹헤야 저절시구 옹헤야 잘도헌다 옹헤야
칠뚝넘어 옹헤야 메추리란 놈이 옹헤야 보리밭에 옹헤야 알을 낳네 옹헤야
앞집금순 옹헤야 뒷집복순 옹헤야 서로만나 옹헤야 정담헌다 옹헤야
정월보름 옹헤야 달밝은밤 옹헤야 줄다리기 옹헤야 신명난다 옹헤야
구월시월 옹헤야 보리심어 옹헤야 동지섣달 옹헤야 싹이난다 옹헤야
이월삼월 옹헤야 보리패니 옹헤야 시월오월 옹헤야 타작헌다 옹헤야
이논빼미 옹헤야 어서심고 옹헤야 각 집으로 옹헤야 돌아가세 옹헤야

풋고추에 옹헤야 단된장에 옹헤야 보리밥 찰밥 옹헤야 많이먹자 옹헤야
일락서산 옹헤야 해 떨어지고 옹헤야 월출동령 옹헤야 달솟는다 옹헤야

<옹헤야> (출처 : 중학교 음악책)

〈옹헤야〉는 특별한 뜻이 없습니다. 노래 가사에서 나오는 통일된 후렴구이자 종결구인 〈옹헤야〉는 자주 반복되지요. 가사 내용을 보면 특별한 것이 없습니다. 일상 속 여러 동적인 모습이 그려져 있지요. 물론 현대인의 일상이 아니라 선조들이 보냈을 일상입니다. 처음에 〈어절시구, 저절시구, 잘도헌다〉라는 말은 흥을 돋우기도 하지만, 하는 일마다 긍정을 부여하는 의미가 강합니다. 철뚝 너머에 있는 메추리가 보리밭에 알을 낳는 것도, 앞집의 금순이와 뒷집의 복순이가 만나서 얘기를 나누는 것도, 정월 보름달이 환할 때 줄다리기 하는 것도, 보리를 심어 동지섣달에 싹이 나는 것도, 보리를 패고 타작을 하는 것도 논배미에 벼를 어서 심고 집으로 돌아가는 것도, 풋고추에 맛이 단 된장을 찍어 보리밥과 찰밥을 먹는 것도, 서산에 해 떨어지는 것도 달이 솟는 것도 모두 〈옹헤야〉입니다. 모든 것이 〈옹헤야〉로 통합니다. 일어나는 것도 넘어지는 것도, 슬픔도 기쁨도, 태어나는 것도 죽는 것도 모두 〈옹헤야〉입니다. 이 〈옹헤야〉를 가만히 옮겨 와서 〈감사〉의 의미로 읽을 수 있습니다. 나고 죽고, 병들고 낫고, 만나고 헤어지고, 이루고 좌절하고의 모든 생사고락이 〈감사〉합니다. 감사하지 않는 순간에도 〈옹헤야〉라고 말하면, 〈옹헤야〉가 됩니다. 즉, 감사를 말하면, 그냥 감

사로 매겨집니다. 〈옹헤야〉는 삶 자체입니다. 일상 속에서 마주칠 수 있는 삶의 형태를 담고 있지요. 게다가 상황에서 예기치 않은 일까지 그저 〈감사〉로 의미를 두게 되면, 어떠한 일이든 자연스럽게 극복할 수 있다는 긍정적 암시의 힘이 실려 있습니다.

〈옹헤야〉는 모든 일상에서 〈옹헤야〉입니다. 〈옹헤야〉이지 않은 적이 없습니다. 노래 속의 〈옹헤야〉를 〈감사해〉로 바꿔 불러볼까요? 에헤헤헤 감사해. 어절시구 감사해. 잘도헌다 감사해. 감사해. 감사해. 어절시구 감사해. 저절시구 감사해. 잘도헌다 감사해. 철뚝넘어 감사해. 메추리란 놈이 감사해. 보리밭에 감사해. 알을 낳네 감사해. 〈감사〉를 자꾸 말하다보면, 감사할 멋진 일들이 일어나게 됩니다. 참으로 놀랍고 신기한 일이지요.

연날리기

　〈연날리기〉는 연을 공중에 띄우는 민속놀이입니다. 연은 솔개의 한자 〈연鳶〉에서 가져온 말입니다. 솔개가 공중에서 날개를 펴고 빙빙 도는 모습에서 바람을 타는 연을 떠올린 것이지요. 연의 옛말은 〈열〉입니다. 연에 관한 가장 오랜 기록은 《삼국사기》에 있습니다. 647년 진덕여왕이 즉위하고 큰 별이 월성에 떨어지자 비담은 병사들에게 별이 떨어지는 곳에는 반드시 피가 흐르므로 여왕이 패망할 징조라고 했지요. 이에 군사들이 동요하자 김유신이 인형에 불을 붙여 연에 띄웠고 별이 하늘로 다시 오르는 것처럼 보여 위기를 모면했다고 전합니다.

　연을 날리려면 연실을 한껏 풀어야 해서 연날리기는 주로 주위에 장애물이 없는 데서 행해졌지요. 연을 주로 날리는 시기는 음력 정월 초하루부터 보름까지입니다. 보통 12월 20일경이면 아이들이 여기저기서 연을 날리기 시작합니다. 정월 보름 며칠 전이면 절정에 이릅니다. 아이들은 끊어진 연실을 걷느라고 남의 집 담을 넘어 들어가기도 하고, 심지어는 남의 집 지붕에 올라가는 일도 있었지요. 또 끊어져 날아가다가 가라앉는 연을 줍느라고 논두렁에 빠지기도 했지요. 다른 연과 어울려서 끊어먹기를 많이 하므로 열기를 띠기도 했습니다. 다른 연을 끊어먹도록 하는 것을 〈깸치 먹인다〉고 하는데 이 끊어먹기는 대개 아이들은 아이들끼리, 청장년은 청장년들끼리 많이 하곤 했지요.

연은 날리는 사람의 솜씨에 따라 가로나 세로로 올라갔다 내려갔다 하기도 하고 뒤로 물러갔다 급전진하는 등 자유자재로 날리곤 했습니다. 끊어먹기를 할 때 연을 잘 끊는 것은 연을 얼리는 이의 기술에 달린 거지요.

연날리기는 정월 대보름 며칠 전에 성황을 이루고, 보름이 지나면 날리지 않기 때문에 대보름이 되면 액厄연을 띄웠습니다. 연에다 〈厄액〉 자 하나를 쓰기도 하고, 〈송액〉 혹은 〈송액영복〉이라 써서 날리고는 얼레에 감겨 있던 실을 죄다 풀고 실을 끊어서 연을 멀리 날려 보냈습니다. 보름이 지나서도 연을 날리는 이가 있으면 〈고리백정〉이라고 놀려대고 욕을 하기도 했습니다.

연날리기는 세계 여러 나라에서 즐겨 행했던 풍속이지만, 각기 그 모습이 조금씩 다릅니다. 말레이시아나 태국 같은 나라에서는 해안 지대에서 주로 날립니다. 연이 얼마 뜨지 못하고 곧 지상으로 내려오므로 이 지역에서의 연날리기란 그저 곧이어 내려오는 연을 자주 공중으로 날려보는 데 지나지 않습니다. 일본과 중국에서도 연실을 풀어서 높이 날리기는 하여도 우리나라같이 서로 끊어 먹기를 한다든가 자유자재로 기술을 부리면서 연을 날리는 일은 없지요.

우리나라 연은 크기를 막론하고 모두 짧은 장방형 사각으로 되어 있습니다. 바람을 잘 받아 잘 뜨게 되어있을뿐더러 연의 가운데에 둥글게 구멍이 뚫려 있어 강한 바람을 받아도 바람이 잘 빠지게 했지요. 바람이 다소 세더라도 연 몸체가 상할 염려가 없습니다.

연이 보이지 않을 정도로 높이 날리거나 급강하와 급상승, 후퇴와 전진을 하도록 자유롭게 조종할 수 있는 것은 연 날리는 사람의 솜씨 덕분이기도 하지만, 무엇보다도 우리나라 연의 형태가 자유자재로 변형할 수 있어서입니다.

보통의 연은 약간 갸름한 네모꼴이지만 가오리연, 방패연, 허수아비연 등 여러 가지 형태로 만들기도 합니다. 크기도 곳에 따라 다릅니다. 바람이 센 바닷가 지역의 연은 대문짝만큼 크지만, 내륙 지역의 것은 한지 반장 정도이지요. 네모 연은 그림을 그린 것, 색종이를 오려 붙인 것, 색칠한 것, 꼬리나 발을 단 것 등에 따라 꼭지연, 반달연, 치마연, 동이연, 박이연 등으로 불립니다. 가오리 꼴의 가오리연은 낙지연 또는 가자미연이라고도 하며, 꼬리가 달려서 꼬리연이라는 별명도 있습니다.

　연날리기는 새처럼 자유롭게 날개를 펴고 날아오른다는 상징적인 의미를 지닙니다. 여기에는 날개가 없다는 한계를 극복하고 새처럼 날아오르고 싶은 인간의 욕망이 담겨 있지요. 모든 구속을 떨쳐버리고 하늘로 날아오르고 싶다는 인간의 상상력이 〈연〉이라는 도구를 통해서 표출되었다고 볼 수 있습니다. 연을 날리는 동안은 연에 집중해서, 연과 하나가 되어 자신이 하늘을 날고 있다고 상상함으로써 자유를 향한 욕망을 충족할 수도 있지요. 연싸움은 힘이 세다는 것을 증표로 내세우는 일종의 게임이지만, 이 경기마저 하늘을 자유자재로 활보할 수 있다는 전제로 승부를 가리는 것입니다. 〈하늘〉을 나는 신나는 기운을 담고 액운을 연 위에 써서 날려 보내기도 하면서 불행을 행운으로 전환하기도 하고, 일상의 스트레스도 해소하고자 했습니다. 이제, 이 연의 의미를 부각해서 연에 〈소원〉과 〈염원〉을 실어서 띄울 수 있을 테지요. 내 안에 간직한 생각과 마음을 하늘의 기운과 맞닿을 수 있도록 띄울 수 있을 겁니다. 마음 깊은 곳에 잠재돼 있던 힘들을 분출하면서 연이 하늘을 날 때, 덩달아 맑은 기운을 받는 것이지요.

내 마음에 연이 있다면 어떤 모양과 색깔일지 상상해보세요. 네모일까요? 세모, 하트, 별일까요? 크기는 어떨까요? 내 마음의 연에 하늘까지 닿기를 희망하는 소망 하나를 실어서 띄운다면, 어떤 소망을 담을까요? 떠올려봅시다. 내가 상상한 그 연을 이제 내가 원하는 장소에서 마음껏 날게 해봅시다. 하늘이 내 마음을 알고 나를 응원해주고 도와줄 수 있도록 말이지요.

보자기

보자기는 물건을 싸서 들고 다닐 수 있도록 만든 천입니다. 우리나라의 보자기는 일상에서 다양한 용도로 쓰여왔습니다. 보자기를 어떻게 사용하는가에 따라서 각각 다른 이름으로 불렸지요. 즉, 간찰보·경대보·기러기보·명정보·밥상보·보부상보·빨랫보·예단보·이불보·전대보·제기보·책보·폐백보·함보·횃댓보 등등입니다. 이 가운데 〈전대보〉는 문서나 물건을 전할 때 그것을 쌀 수 있도록 마련된 길고 양쪽 끝이 터진 자루 모양의 보자기를 말합니다. 〈횃댓보〉는 방 안 횃대에 걸어둔 옷가지를 덮는 데 쓰는 커다란 보자기를 말합니다. 보자기는 덮고 깔기도 하고 가리며 싸기도 하는 용도로 쓰였지요.

보자기는 싸개를 비롯해서 음식을 차려서 덮어두는 덮개로 사용하기도 하고, 바닥에 미리 깔아 부스러기가 흩어지지 않도록 차단하는 깔개 용도로도 쓰였습니다. 머리카락을 자를 때나 짧은 치마를 입었을 때 가리개 역할도 했지요. 물건을 운반할 때 활용하기도 했고, 갑자기 다쳤을 때는 상처를 보호하는 용도로도 쓰였습니다. 때로는 스카프와 목도리의 대용으로 쓰기도 했지요.

보자기는 물건을 싸서 보관하거나 운반하는 데 가장 간편한 생활 용구이면서, 아울러 예절과 격식을 갖추는 의례용으로 널리 사용되었습니다. 즉, 혼례용이나 불교 의식용으로도 쓰였고 기우제를 지낼 때 제단을 치거나 조상의 영정을 싸두는 등 특수한 용도로도 사용하였습니다.

보자기는 펴고 접을 때 소재의 유연한 신축성 때문에 활용하기가 좋은 도구입니다. 운반할 때는 용적을 최대한 이용하다가 사용하지 않을 때는 작게 접어둘 수 있어서 유용하지요. 현존하는 가장 오래된 보자기로 알려진 선암사의 탁자보는 고려 중기의 것으로 추정되는데, 〈탁의〉라는 명칭으로 전해지고 있습니다.

전통 보자기는 사용 계층, 구조, 문양의 유무, 용도, 색상, 문양 종류, 재료 등을 기준으로 분류할 수 있습니다. 사용 계층에 따라 궁중에서 사용된 궁보와 민간에서 사용된 민보로 크게 나눕니다. 직물의 질과 색상 및 꾸밈새에서 궁보는 귀족 취향으로 화사하며 세련되었고, 민보는 서민 취향으로 원만하고 투박하나 보자기 본래의 기능 면에서는 같습니다. 구조적 특징에서 보면 안감을 대지 않은 홑보, 안감과 겉감 두 겹으로 된 겹보, 깨지거나 흠가기 쉬운 물건을 보관하기 위해 솜을 두고 안감을 덧댄 솜보, 직선이나 기하학적 패턴으로 누벼서 만든 누비보, 천 조각을 이어서 만든 조각보, 바탕천에 식지(기름종이)를 대거나 식지만으로 만든 식지보가 있습니다.

문양의 유무에 따라서는 크게 무문보와 유문보로 나뉘고, 유문보는 다시 문양을 만드는 방법에 따라 수로 문양을 놓은 수보, 문양을 두어 짠 천으로 만든 직문보, 천 바탕에 금박으로 문양을 찍은 금박보, 천 바탕에 당채 등으로 그림을 그려 넣은 당채보 등이 있습니다.

용도별로 구분하면 상용보, 혼례용 보, 종교 의식용 보 및 기타 특수용 보로 나뉘며 구체적으로 덮개보, 경대보, 밥상보 등 다양합니다. 색상별로는 청홍보, 소색素色보, 황색보 등이 있고, 천의 문양 종류에 따라 용문보, 화목문보, 문자문보 등으로 나누고, 재료별로는 명주보, 비단보, 면직보, 모시보 등으로 분류할 수 있습니다. 또 폭 수에 따라 1폭보, 2폭보, 3폭보 등으로 분류하는데, 한 폭의 넓이는 명주의 폭을 기준으로 한 변의 길이가 35센티미터 내외입니다. 보자기의 폭 수는 싸두는 물건의 크기에 따라 1폭에서 9폭까지 있습니다.

보자기는 보호하고 감싸는 용도이지만, 보자기 자신의 행위를 들여다보면 다른 각도로 해석할 수 있습니다. 보자기 천은 만들어진 대로 그저 펼쳐져 있는 것이 아니라 용도에 맞게 오므리고 단정하게 묶은 채, 혹은 자태를 그대로 드리운 채 존재하지요. 그 어떤 용도라도 소화할 수 있는 이유는 손의 이끌림에 따라 보자기가 움직이기 때문입니다. 보자기는 만나는 대상을 들뜨게 하지 않고 밀착한 채 보듬어줍니다. 다양한 보자기의 용도 중에서 〈싸는 것〉에 대해 집중해보면, 보자기는 영락없이 절제의 미덕을 가지고 있음을 알 수 있습니다. 흐트러짐 없이 가지런히 놓고 그것을 정리해야만 보자기 안에 들어갈 수 있지요. 보자기에 싸기 위해서는 먼저 널브러져 있는 쌀 물건을 차곡차곡하게 정연하게 질서를 잡아두어야 합니다. 보자기는 그 대상을 충분히 감싸고 매듭을 지어 묶게 되지요. 이러한 보자기가 가지고 있는 속성은 〈절제〉입니다. 적을 때는 적당하게 몇 번을 둘러싸도 되지만, 너무 많으면 보자기에 싸지지 않으니까요. 지나친 욕심을 제어하는 미덕을 가지고 있는 것이 바로 보자기입니다.

내 마음에 보자기가 있다고 상상해봅시다. 간직하고 싶은 마음을 잘 싸서 보관해주는 보자기는 어떤 색깔일까요? 내가 간직하고 싶은 마음은 어떤 마음일까요? 내 마음의 보자기 안에 차곡차곡 넣어 간직하고 있다고 떠올려봅시다. 보자기에 싼 내 마음으로 소중하고 빛나는 에너지가 느껴질 겁니다.

차

　　차가 우리나라에 전해진 시기에 대해서는 다양한 설이 있습니다. 그중에서도 시기적으로 가장 오래된 것이 가야국 수로왕의 왕비 허황옥_{許黃玉}에 의한 차 전래설입니다.

　　《삼국유사》속 「가락국기」의 기록에 따르면, 알에서 태어났다고 전해지는 가야의 수로왕은 인도 아유타 출신의 공주 허황옥을 신부로 맞이했습니다. 중국 사천 보주에서 한동안 정착해 살았던 허황옥은 서기 48년 음력 5월에 수행원 20여 명과 함께 금, 은, 패물, 비단 등의 혼수품을 배에 가득 싣고 그해 음력 7월 27일에 수로왕이 기다리고 있던 별포 나루에 도착했습니다. 이때 허황옥이 배에 싣고 온 혼수품 중에 차 씨가 있었고, 이것이 우리나라 차 재배의 기원이 된 것이지요.

차나무의 성질은 조금 차고 그 맛은 달고 쓰면서 독이 없는 식물입니다. 쓰고 차서 기운을 내리게 하여 오래되고 체한 음식을 소화시켜 주며 머리와 눈을 맑게 하고 요 배출을 돕습니다. 또한, 당뇨병을 치료하며 화상에 의한 독을 해독시켜줍니다. 차나무는 키가 작고 모양은 치자나무와 비슷하며 겨울에 새로운 잎이 나는데 일찍 딴 것을 차茶라고 하고 늦게 딴 차를 명茗이라 합니다. 차나무의 새싹은 작설(雀舌, 새의 혀라는 뜻으로 차의 고유명), 맥안(麥顏, 보리의 낟알과 같다는 뜻)이라 부릅니다. 아주 작은 눈을 가리키는 것으로 납차臘茶라고도 합니다. 조그마한 새싹을 따서 찧어 떡 모양으로 만들어 불을 쬐게 되면 좋은 차가 되지요.

차를 달여서 손님에게 권하거나 마실 때의 예법을 다도라고 합니다. 우리나라의 다도는 19세기 초에 초의草衣의 《동다송東茶頌》으로 인해 활성화되었지요. 초의는 《동다송東茶頌》에서 "따는데 그 묘妙를 다하고, 만드는 데 그 정精을 다하고, 물은 진수眞水를 얻고, 끓임에 있어서 중정中正을 얻으면 체體와 신神이 서로 어울려 건실함과 신령함이 어우러진다. 이에 이르면 다도는 다하였다고 할 것이다."라고 하였습니다. 즉, 정성스럽게 잘 만들어진 차로 좋은 물을 얻어 알맞게 잘 우러나게 해야 한다는 것이지요. 차를 끓일 때 물은 매우 중요합니다. 물은 차의 체이기 때문입니다. 초의는 좋은 물의 여덟 가지 조건으로, 가볍고, 맑고, 차고, 부드럽고, 아름답고,

냄새가 없고, 비위에 맞고, 탈이 없어야 할 것을 들면서, 급히 흐르는 물과 고여 있는 물은 좋지 못하다고 하였습니다.

우리나라의 차 문화에서 크게 두 가지 의미의〈절제〉를 찾아볼 수 있습니다.

첫째는 찻잎이다. 차나무의 잎은 차가운 성질을 가지고 있으나 달이는 과정에서 뜨겁게 재탄생합니다. 원래 가지고 있는 찻잎의 차가움이 뜨거움과 잘 어우러져서 차가움이 〈절제〉되어 마실 수 있는 찻물로 등장한 것이지요. 원래의 속성을 누그러뜨리는 것이 바로 〈절제〉입니다. 절제는 억압이나 억제와는 다릅니다. 이는 강한 내공이 바탕이 되어 일어나는 조화입니다. 인내를 인식하고 있다는 점에서 억압이 아닙니다. 견디고 수용하면서 인내하고 감당하며 직면한다는 점에서 그저 눌러 참으며 인위적인 힘을 가하는 억제와도 다릅니다. 찻잎이 해내는 것은 다만 버티는 것이 아니라 주어진 환경에 순응하되 인고하는 것입니다. 그리하여 차가움의 본성이 열을 만나 중간 정도의 성질을 지니게 되는 것이지요.

둘째는 다도로 대변되는 정신입니다. 앞에서 열거한 대로 다도의 진정한 의미는 참선을 포함하여〈명상〉에 있습니다. 참선은 선에 들어간다는 뜻으로, 깨달음을 얻기 위해 자기의 본래면목(자신이 본래 갖추고 있는 부처의 성품)을 참구參究하는 불교 수행법을 말합니다. 명상은 마음의 고통에서 벗어나 아무런 왜곡 없는 순수한 마음 상태, 자기로 돌아가는 것으로 초월적인 의미를 가지고 있습니다. 이를 실천하려는 것이 차 명상이라고 할 수 있습니다.

이 두 가지 차의 의미는 절제된 행동과 마음가짐으로부터 나옵니다. 차나무에서 찻잎을 따고, 물을 끓이고, 잘 끓인 물과 찻잎을 만나게 하고 마음을 가지런히 하고 차분하게 앉아 차를 마시고, 찻잔을 씻는 일련의 행동들은 부족하거나 넘치는 법이 없습니다. 크지도 작지도 않은 알맞은 크기의 찻잔에 차를 따라 마시는 행위 또한 절제미가 우러납니다. 차를 준비하고 마시는 일련의 행위는 자연스럽지만 절제된 아름다움을 가지고 있습니다. 그래서 차와 선(禪)이 하나가 되는 거지요.

인체에 존재하고 있는 물이 가볍고, 밝고, 차고, 부드럽고, 아름답고, 냄새가 없고, 비위에 맞고, 탈이 없고, 급히 흐르거나 괴어 있지 않고, 맛도 냄새도 없는 여덟 가지 덕을 지니고 있다고 상상해봅시다. 여덟 가지 덕을 지닌 물이 내 온몸을 원활하게 해주고 있다고 느껴봅시다. 그런 물이 존재하고 있는 내 몸한테 가지는 감사함을 소리 내어 "감사합니다."라고 전해봅시다.

단군

　　단군檀君은 한민족이 시조로 받드는 고조선의 첫 번째 임금입
니다. 이에 관한 첫 기록은 고려 시대 13세기에 일연이 쓴《삼국유
사》「기이편」에 다음과 같이 나옵니다.

　　옛날 환인의 서자 환웅桓雄이 세상에 내려와 인간 세상을 구
　　하고자 하므로, 아버지가 환웅의 뜻을 헤아려 천부인 세 개
　　를 주어, 세상에 내려가 사람을 다스리게 하였다. 환웅이
　　무리 3,000명을 거느리고 태백산의 신단수에 내려와 신시
　　라 이르니, 그가 곧 환웅천왕이다. 그는 풍백·우사·운사를
　　거느리고, 인간의 360여 가지 일을 맡아서 세상을 다스렸다.

이때 곰 한 마리와 범 한 마리가 같은 굴속에 살면서 환웅에게 사람이 되게 해달라고 빌었다. 환웅은 이들에게 신령스러운 쑥 한 줌과 마늘 20쪽을 주면서 이것을 먹고 100일 동안 햇빛을 보지 않으면 사람이 된다고 일렀다. 곰과 범은 이것을 먹고 근신하기 3. 7(21일)만에 곰은 여자의 몸이 되고 범은 참지 못해 사람이 되지 못하였다. 웅녀熊女는 그와 혼인해주는 이가 없어 신단수 아래에서 아이를 배게 해달라고 축원하였다. 이에 환웅이 잠시 변하여 혼인하여서 아이를 낳으니 그가 곧 단군왕검壇君王儉이다.

단군은 제사장을, 왕검은 정치적 지배자를 뜻한다. 이 이름은 제정일치 사회였던 고조선 시대에 백성들을 다스리던 군장의 칭호로 볼 수 있다. 왕검이 평양성에 도읍을 정하고 비로소 조선이라 일컬었다. 이어서 백악산의 아사달로 옮긴 뒤 그곳을 궁홀산弓忽山 또는 금미달今彌達이라 하였다.

단군은 1,500년 동안 나라를 다스리고 주나라 호왕이 즉위한 기묘년에 기자箕子를 조선의 임금으로 봉한 후 단군은 장당경藏唐京(황해도 신천군 문화면)으로 옮겼다가, 뒤에 아사달에 돌아와 숨어서 산신이 되니 나이가 1,908세였다.

그 밖의 다른 사서 기록들(고려시대 이승휴(李承休)의 《제왕운기》, 조선 초기 권람(權擥)의 《응제시주》와 《세종실록지리지》)에서 표기를 보면, 《삼국유사》에서 〈단군〉에 〈제단 단壇〉 자를 사용하는 데 비해 《제왕운기》에서는 〈박달나무 단檀〉 자를 사용합니다. 학계에서는 일반적으로 후자를 채택하고 있습니다. 한편, 《삼국유사》에서는 단군조선과 기자조선을 함께 기록하여 파악하고 있으나, 《제왕운기》에서는 단군, 기자, 위만조선을 구분하고 있습니다.

이러한 단군에 대한 기록을 청동기시대의 산물로 보기도 하고, 지배자의 출현을 빛내는 신화로 보기도 합니다. 한편, 신화는 고대인의 한 관념의 형태이므로 단군신화를 역사적 사실로 보아서는 안 된다는 주장도 있습니다. 신화는 역사적 사실 여부를 떠나서 상징과 은유를 담고 있고, 그 당시 사람들의 믿음과 사상을 함축하고 있다고 볼 수 있으므로 단군신화가 주는 중요성을 간과해서는 안 되겠지요. 우리나라에서 자생한 신앙 중에서 단군신화에서 등장하는 환인, 환웅, 환검(단군왕검)을 삼신으로 모시는 대종교가 있습니다. 대종교의 창시자 나철은 신도들과 함께 구국 운동에 매진했으며, 단군은 민족의 단합을 주창하는 원동력이 되었지요. 단군의 건국을 우리 역사의 기원으로 삼는 단군기원, 즉 단기檀紀는 고조선의 건국을 중국 요 임금 즉위 25년 되는 해로 근거하여 그 원년을 기원전 2333년으로 환산합니다. 우리나라에서 사용한 단기는 고려 말 우왕의 사부였던 백문보가 처음 사용했으나 공식적으로 1962년 1월 1일부터 중지되고 서기로만 쓰게 되었습니다.

단군신화에서 비롯된 고조선의 건국이념은 〈홍익인간弘益人間〉이다. 〈널리 인간세계를 이롭게 한다〉라는 뜻을 가지고 있습니다. 우리나라 정치·경제·사회·문화의 최고 이념으로, 윤리 의식과 사상적 전통의 바탕을 이루고 있습니다. 또 다른 고조선의 건국이념인 〈재세이화在世理化〉는 〈세상에 있으면서 다스려 교화시킨다〉는 뜻을 가지고 있지요. 〈이도여치以道與治〉는 〈도로써 세상을 다스린다〉는 뜻이며, 〈광명이세光明理世〉는 〈밝은 빛으로 세상을 다스린다〉는 의미입니다.

단군은 다만 신화 속에만 존재하는 것이 아니라 우리나라 탄생의 상징적 인물이며, 나라의 탄생과 더불어 이념의 기치를 세운 존재로 이해할 수 있습니다. 인간세계를 이롭게 하기 위해 무엇을 할 수 있을까요? 어떻게 사는 것이 나와 타인, 그리고 이 세계를 이롭게 할 수 있을까요? 여기에 대한 근원적인 고민과 해결을 하도록 이끌고 있습니다. 이 물음은 단순하게 묻고 끝나는 것이 아니라 개인이 이 땅에서 살아 있는 한, 나라가 존속하는 한, 개인과 세상이 영구히 지속할 내적 성장과 발전을 담보로 한 질문일 것입니다. 단군이야말로 우리에게 〈정의〉가 무엇인지 질문을 던져주고 있습니다. 이 질문에 어떻게 답을 할 수 있을까요? 어떤 방식으로 하고 있고, 또 해야 할지에 대한 구체적인 답을 능히 할 수 있는지가 중요하겠습니다. 이 답변이야말로 사회 속에서 살아가는 개개인의 삶에 대한 자신만의 정의가 될 것입니다.

내 마음 깊은 곳에 늘, 항상 존재하는 빛을 떠올려봅시다. 간혹 빛이 보이지 않을 때는 빛이 사라진 것이 아니라 가려진 것뿐입니다. 먹구름이 깔리면 하늘이 보이지 않지만, 하늘이 없어진 것이 아니듯이. 그 빛이 나를 슬기롭고 지혜롭고 정의롭게 지켜주고 인도해주고 있다고 떠올려봅시다. 내 마음 깊은 곳에 자리한 빛은 내가 잘 알지 못하더라도, 가장 바람직한 쪽으로 나를 이끌어주었고 앞으로도 그럴 것입니다. 지금은 다만 그 빛을 떠올려서 고스란히 느껴볼까요?

흰 소

　여기서 말하는 「흰 소」는 1954년경에 대향(大鄕) 이중섭(李仲燮, 1916~1956)이 소를 소재로 그린 유화를 말합니다. 세로 30센티미터, 가로 41.7센티미터입니다. 현재 홍익대학교 박물관이 소장하고 있습니다.

　이중섭은 평안남도 평원군에서 이희주의 둘째 아들로 태어났습니다. 오산고등보통학교에 들어가 당시 미술 교사였던 임용련의 지도를 받으면서 화가의 꿈을 키웠지요. 1937년에 일본으로 건너가 분카학원 미술과에 입학하였습니다. 재학 중 독립전과 자유전에 출품하여 신인으로서의 각광을 받았지요. 졸업하고 신미술가협회 일원으로 활동하였습니다. 신미술가협회는 1940년대 활동

했던 예술지상주의적이며 재야적인 성격의 도쿄 유학생 출신 한국 작가들의 모임이었습니다. 1940년에는 미술창작가협회전(자유전의 개칭)에 출품하여 협회상을 수상하였지요. 1943년에도 역시 같은 협회전에서는 태양상을 수상하였습니다. 이 무렵 일본인 여성 야마모토와 만나 1945년 원산에서 결혼하여 슬하에 2남을 두었습니다. 1946년 원산사범학교에서 미술 교사로 봉직하기도 하였지요.

북한이 공산당 치하에 놓이면서 자유로운 창작 활동에 많은 제한을 받게 됩니다. 친구인 시인 구상의 시집《응향_{凝香}》의 표지화를 그려 두 사람이 같이 당국으로부터 비판을 받기도 하였지요. 한국전쟁이 일어나고, 유엔군이 북진하면서 이중섭은 자유를 찾아 원산을 탈출해서 부산을 거쳐 제주도에 도착하였습니다. 생활고로 인해 다시 제주도에서 부산으로 돌아왔지요. 이 무렵 부인과 두 아들은 일본으로 건너갔으며, 이중섭은 홀로 남아 부산, 통영 등지로 전전하였습니다. 1953년 일본에 가서 가족들을 만났으나 며칠 만에 다시 귀국하였습니다. 이후 줄곧 가족과의 재회를 염원하다 1956년 정신이상과 영양실조로 나이 40세에 적십자병원에서 사망하였습니다.

대향의 작품 속에는 소, 닭, 어린이, 가족이 많이 등장합니다. 불상이나 풍경 그림 등도 몇 점 남아 있습니다. 특징은 향토성을 강하게 띠는 요소와 동화적이며 동시에 자전적_{自傳的}인 요소가 가득합니다. 대표작으로는 「싸우는 소」, 「흰 소」, 「움직이는 흰 소」, 「소와 어린이」, 「황소」, 「투계」, 「닭과 가족」, 「사내와 아이들」, 「길 떠나는 가족」과 그 밖에 수많은 은지화(담뱃갑 속의 은지에다 송곳으로 눌러 그린 일종의 선각화)들이 있습니다.

대향의 작품 중에서 특히 〈소〉는 농촌 정서를 기반으로 우리 민족 정서와 정신을 반영하고 있습니다. 이는 그가 활약했던 신미술가협회 회원들의 작품에서도 자주 등장하던 소재이기도 했습니다. 이중섭은 임용련에게 지도받던 오산학교 시절부터 소에 대한 관심이 매우 컸으며 다양한 소의 모습을 작품에 담았지요.

「흰 소」는 그의 대표작이라고 볼 수 있습니다. 소는 예로부터 한 가정의 부를 상징하는 재산 목록 1호로 꼽혀왔습니다. 평생 인간을 도와 우직하게 일하고, 죽어서도 가죽과 고기를 남겨주는 소는 인간에게 가족이자 큰 재산이었습니다. 인간과 친숙하게 지내면서 끊임없이 노동력을 제공해온 소는 온순함과 순종, 힘의 상징으로 여겨졌습니다. 농경 사회에서 소의 상태는 그 집의 분위기와 근면 성실함을 단적으로 드러내는 잣대가 되기도 했습니다. 소는 평화롭고 목가적인 풍경에 빠지지 않고 등장합니다. 종교적인 면으로 볼 때는 소는 행운 및 수호신을 상징하며, 수행과 깨달음, 선인, 도인, 성인을 상징합니다. 즉, 소는 도가에서는 유유자적을, 유가에서는 의義를 상징하지만, 불가에서는 〈인간의 본래 자리〉를 의미합니다. 수행을 통해 본성을 깨달아 가는 과정을 비유한 〈심우도尋牛圖〉는 법당의 벽화로도 많이 등장합니다. 이는 선사들이 이러한 소를 수행의 채찍으로 삼아왔기 때문입니다. 고려 때의 보조국사 지눌은 호를 목우자牧牛子라 했습니다. 〈소를 기르는 사람〉, 즉, 참다운 마음을 다스리는 사람이라는 뜻입니다. 만해 한용운 선사도 만년에 서울의 자택을 심우장尋牛莊이라 했지요. 〈불성을 찾기에 전념하는 곳〉이란 의미가 담겨 있습니다.

그림 속으로 들어가 봅시다. 소의 형체는 분명하나 놀라울 만큼 앙상한 뼈대가 돌출되어 있습니다. 뼈대와 근육이 한데 어우러져 거칠게 표현되어 있습니다. 화면의 오른쪽에서 왼쪽을 향해 걸음을 옮기고 있으나 뛰어가지는 않습니다. 정면을 향해 노려보고 있지도 않습니다. 흰 소의 얼굴은 그림을 보는 자를 향해 있지만, 시선은 그렇지 않습니다. 흰 소가 보고 있는 것은 화면 안에 있지도 않습니다. 주위 상황에 굴하지 않는 의연한 표정과 자세로 그저 그렇게 서 있을 뿐입니다. 거친 숨을 쉬고 있는 듯해 보이지만, 경망스럽지 않습니다. 꼬리는 한껏 치켜 올라가 있습니다. 등 뒤의 털도 곤두서 있지요. 힘차게 걸음을 옮기고 있으며, 멈추지 않겠다는 강렬한 의지가 보입니다. 누가 몰아세워서 하는 행동이 아니라 스스로 결정해서 행하는 행동이기 때문입니다. 이 길이 옳다고 결정하고 누가 뭐라고 해도 이 길을 가야겠다고 결심하고 우직하고 저돌적으로 걸어가고 있습니다. 온몸으로 길을 만나고 있는 중입니다. 발걸음을 내디딜 때마다 웅비의 소리가 들리는 듯합니다. 특히 흰 소가 가지는 신성한 기운이 화면 가득 느껴집니다. 우리나라

서민을 상징하는 대표적인 색채인 〈하얀색〉이 〈소〉와 만나서 민족의 얼이 되었습니다. 소는 절대 양보하지 않을 정의를 향해 발걸음을 옮기고 있는 중입니다. 길이 험난하고 고되고 아프더라도 이 길이 옳다면, 결코 후퇴하지 않을 작정인 게지요. 소의 힘찬 행보를 바라보고 있노라면, 이처럼 당당하게 걸어갈 수 있다는 강렬한 기운이 움틉니다. 흰 소의 걸음은 그만큼 거침이 없고, 확신에 차 있습니다. 불의를 이겨내는 정의로운 기운이 불사의 불처럼 뿜어져 나옵니다.

대향의 그림 속으로 들어가서 「흰 소」와 마음을 합쳐볼까요? 흰 소가 되어 한 걸음씩 천천히, 멈추지 않고 당당하게 걸음을 옮겨봅시다. 흰 소가 된 나는 어디를 향해 걸어가고 있나요? 내 걸음에 확신에 찬 기운이 뿜어져 나오고 있다. 잠시 그림 안에서 흰 소가 되어본 느낌이 어떤가요?

고수레

　고수레는 우리나라 민간신앙에서 산이나 들에서 음식을 먹을 때나 무당이 굿을 할 때, 신에게 먼저 바친다는 뜻으로 음식을 조금 떼어 던지는 일을 말합니다. 음식을 먹기 전에 먼저 조금 떼어 "고수레" 하고 말하면서 허공에 던집니다. 고수레를 하지 않고 먹으면 체하거나 탈이 난다고 믿는 이들도 있지요. 고수레의 유래에 대해서는 몇몇 설이 있습니다.

　먼저, 고시高矢는 단군 시대에 농사와 가축을 관장하던 신장神將의 이름으로, 그가 죽은 뒤에도 음식을 먹을 때는 그에게 먼저 음식을 바친 뒤에 먹게 된 데서 유래합니다.

　또 경북 안동 지방에서 전해 내려오는 다음 이야기가 있습니다. 의지할 곳 없는 고씨라는 노파가 들에서 일하는 사람들의 배려로 끼니를 연명하면서 살아갔는데 고씨가 죽자 들일하는 사람들이 죽은 고씨 노파를 생각해서 "고씨네!"라고 허공에 음식을 던져 그의 혼에게 바치게 된 것으로부터 유래되었다고 합니다.

경기도 양평에서 채록된 이야기는 다음과 같습니다. 고씨 성을 가진 어느 부잣집의 하녀가 겨울에 냇가에서 빨래를 하다가 떠내려오는 복숭아를 먹고 임신하여 사내아이를 낳았습니다. 그래서 아이 이름을 〈도손桃孫〉이라고 지었고, 도손은 총명하게 자랐지만 천한 출신 탓에 멸시를 받았습니다. 도손은 중국에 가서 풍수를 배우던 중에 어머니 고씨가 돌아가셨다는 기별을 받고 귀국합니다. 모친의 시신을 묻을 곳을 물색하다가 김제 만경들에 몰래 장사를 지내고 중국으로 다시 건너갑니다. 여러 해 뒤 흉년이 들어 그 모친의 묘 옆, 논 주인이 임자 없는 무덤이 된 그 묘를 치장해줬습니다. 그런 뒤, 논 주인은 흉년에서 벗어나고 이 소문이 퍼져서 그 근처 논 주인들이 그 무덤을 손보아주자 그들 역시 흉년을 벗어나게 되었습니다. 그 뒤 매년 그 묘는 치장되었고, 먼 곳에서 이 소문을 들은 농부들은 그곳까지 갈 수 없어 들에서 음식을 먹을 때 첫 숟갈을 떠서 도손 모친의 영혼에 바치게 되었다고 합니다. 이처럼 고수레의 행위는 귀신에게 빌어 재앙을 물리치기 위한 주술적 성격을 가지고 있습니다.

고수레는 자연 속의 인간이라는 사실을 잘 표현하고 있는 풍습이라고 할 수 있습니다. 이는 노자의 《도덕경》 상편 제2장에 나오는 〈유무상생有無相生〉을 떠올리게 합니다. 즉, 있음과 없음이 서로 함께 살아가는 것을 의미합니다. 상생은 생태학에서 파생된 개념인 공존이나 공생보다 더욱 포괄적이고 적극적인 의미를 가집니다. 가진 자와 가지지 못한 자가 구별하지 않고 나눌 수 있는 미덕의 정신이 풍습으로 나타난 것이 바로 고수레라고 할 수 있습니다. 또한, 고수레의 의미는 율곡의 〈유기체적 천인관〉과도 맥락이 통합니다. 율곡은 〈천天〉이 인간까지 포함하는 우주 만물의 개념과 〈저절로 그러함〉이라는 자연현상까지 확장해서 그 의미를 두었습니다. 율곡은 기氣를 중심으로 자연계의 생성 변화를 설명하기도 합니다. "천지 사이에 가득한 것이 기氣 아닌 것이 없다"고 하였지요. 율곡의 천인합일론天人合一論을 보면, "천지가 감통하고 귀신이 감동하고 인심이 감응하는 것은 천天에 달려 있지만, 천지로 하여금 감동케 하고 귀신으로 하여금 감동케 하고 인심으로 하여금 복응케 하는 것은 사람에게 달려 있다"라고 하였습니다. 즉, 인간이 하늘과 땅의 매개자가 되어 소통하게 하는 고귀한 책무를 가지고 있으며, 타고난 인간의 책임과 의무를 다하는 것이 곧 천지에 대한 보답이자 소명이라고 할 수 있습니다. 자연 속의 인간이 자연에 대한 주어진 역할을 다하게 될 때 자연의 생태계는 질서를 잡아가고 건강해질 것입니다.

인간은 자연을 지켜내고 소중히 여길 우주적 책임을 가지고 태어난 것입니다. 이러한 우주적 책임감을 팽개치거나 무시하면 결국 자연이 병들고 인간조차 병리적 상황에 빠져들게 될 것입니다.

고수레는 자연에 속한 인간이 자연에게 감사를 표하는 것이라 볼 수 있습니다. 인간이 자신의 행위로 자만하지 않고 자연의 힘으로 인해 먹고 살 수 있다는 사실을 깨닫고 생활 속에서 이를 표현하는 것입니다. 그것은 경험이나 인식, 이성적 판단의 범위를 벗어나서 초감성적으로 제한된 영역 밖에서 사유의 자유를 기하는 것입니다. 즉, 신神에 의한 선善의 개념으로 확장된 사유의 방식, 초월성을 지니고 있습니다.

내 마음에서 '고수레'를 드려보면 어떨까요? '내 마음의 고수레'는 신이나 우주의 에너지, 혹은 자연한테 내 마음을 드리는 것을 뜻합니다. 내 마음에 있는 것 중에서 드린다면, 어떤 마음을 드릴 수 있을까요? 떠올린 그 마음이 고수레가 되어 바쳐진다고 상상해봅시다. 이렇게 고수레를 드리게 되면, 나는 혼자가 아니라는 사실을 깨달을 수 있습니다. 혼자 있을 때조차 혼자가 아닙니다. 신이나 우주의 에너지, 혹은 자연과 연결되어있으니까요.

솟대

솟대는 나무나 돌로 새를 만들어 장대나 돌기둥 위에 앉힌, 마을 수호신으로 믿는 상징물을 말합니다. 전라도에서는 〈소주〉, 〈소줏대〉, 함흥 지방에서는 〈솔대〉, 황해도와 평안도에서는 〈솟댁〉, 강원도에서는 〈솔대〉, 경상도 해안 지방에서는 〈별신대〉 등으로 부릅니다. 삼한시대에 신을 모시던 장소인 소도蘇塗에서 유래한 것이라고 합니다. 소도에 세우는 솟대立木를 말하며, 소도라는 발음 자체도 솟대의 음이 변한 것이라는 설이 있습니다.

농가에서 섣달 무렵에 새해의 풍년을 바라는 뜻에서 볍씨를 주머니에 넣어 장대에 높이 달아매었습니다. 이 볏가릿대를 넓은 마당에 세워두고 정월 보름날이 되면 마을 사람들이 농악을 벌였습니다. 이렇게 해야 그해에 풍년이 든다고 믿었기 때문이지요. 또한, 장승 옆에 장대를 세우고 그 끝에 나무로 깎아 만든 새를 달기도 하였습니다. 경축의 의미로 과거에 급제한 사람을 위해 마을 입구에 주홍색을 칠한 장대를 세우고, 끝에 청색을 칠한 용을 만들어 붙이는데 이것도 솟대라고 했습니다.

솟대는 세우는 목적에 따라 세 종류가 있습니다. 첫째, 마을의 액막이와 풍농·풍어 등을 기원하여 세우는 일반적인 솟대. 둘째, 풍수지리상으로 행주형(行舟形, 배 모양을 한)인 마을에 비보^{神補}로써 세운 솟대. 셋째, 급제를 기념하기 위해 세운 솟대입니다. 솟대는 대체로 마을 어귀에 세웁니다. 혼자 세우기도 하지만, 장승과 함께 세우거나 장승과 탑이 있는 곳에 함께 세우기도 합니다. 솟대의 새 모양은 Y 자형 나뭇가지로 만들거나, 기역(ㄱ) 자형 나뭇가지를 머리와 목으로 여겨서 Y 자형 나뭇가지나 넓적한 나무판에 연결하여 만듭니다. 새 모양을 정교하게 깎아서 만들기도 하지요. 재료로는 보통 나무를 쓰지만 쇠나 돌로도 만듭니다. 솟대에 올라가 있는 새의 숫자는 1~3마리 정도입니다. 솟대의 높이는 마을에 따라 다른데, 부산지역 일부 마을의 거릿대는 1~2미터인 경우도 있으나 보통은 3미터 이상입니다. 장승과 함께 세우는 경우에는 장승보다 더 높게 만드는 것이 일반적입니다.

솟대의 기둥 굵기는 일정치 않고, 보통 곧게 뻗은 소나무를 다듬어서 제작합니다. 마을에 따라 돌기둥, 쇠 파이프, 콘크리트 전주電柱로 하는 곳도 있습니다. 새는 오리라고 호칭하는 마을이 대부분이지만 지역에 따라 기러기, 갈매기, 따오기, 왜가리, 까치, 까마귀 등으로 부르기도 하지요. 새의 크기는 마을마다 다르며, 같은 마을이라도 제작할 때마다 크기가 달라지기도 합니다. 솟대의 제작 시기도 마을마다 다릅니다. 새가 바라보는 방향도 마을의 풍습에 따라 각기 다릅니다.

솟대는 인간이 어찌할 수 없는 상황에 대해 잘 풀리기를 염원하는 마음을 담고 있습니다. 특히 날씨가 그러한데, 농경이나 어업이 주축이 되는 사회에서 날씨가 주는 영향력은 지대하지요. 무난하게 날씨가 잘 배합되어 큰 사고 없이 풍작을 이룰 수 있기를 염원하는 마음을 드러낸 것이 솟대입니다. 특별히 새 모양 중에서 〈오리〉를 많이 만든 것은, 오리는 물새로 농사에 필요한 물을 가져다주고, 화마로부터 지켜주면서 홍수를 막아주는 상징적인 새이기 때문입니다. 또한, 한자어인 오리 압鴨 자를 풀어서 얻을 수 있는 으뜸 〈갑甲〉은 으뜸인 장원급제의 소망을 담은 길상 문양이라 할 수 있습니다. 솟대는 인간의 염원을 담은 초월적 힘에 대한 기원을 뜻합니다. 오리뿐만 아니라 다양한 이름을 붙이되 공통적으로 새 모양을 한 것은 인간의 한계를 초월하고 새처럼 자유롭게 하늘과 소통할 수 있기를 바라는 마음이었을 것입니다.

염원을 담은 솟대의 기운을 마음으로 느껴보면 어떨까요? 돈, 물건 같은 물질이나 명예나 합격 같은 보이는 것이 아니라 간절하게 되기를 바라는 〈마음〉이 있다면 어떤 마음인지 떠올려볼까요? 그 마음을 고스란히 담아서 하늘 높이 올려봅시다. 분명 하늘의 기운이 〈마음의 솟대〉에 깃들게 될 것입니다. 〈마음의 솟대〉를 떠올리며 하늘의 응원을 느껴봅시다.

정화수

정화수井華水는 이른 새벽에 길은 맑고 정결한 우물물을 말합니다. 주로 어떤 것을 염원하는 마음으로 기도할 때 사용합니다. 정화수는 하루를 시작할 때의 깨끗하고 맑은 마음으로 뜨는데 가장 간소하나 가장 정갈한 제수의 의미가 담겨 있습니다. 제사를 지내거나 신성한 일을 할 때, 먼저 몸을 깨끗이 하고 마음을 가다듬어 부정을 피하도록 온몸을 씻는 목욕재계를 하고 난 뒤 정화수를 떠서 치성을 드리곤 했습니다. 우물 또한, 신령의 집이라고까지 할 정도로 신성시하였지요. 알영정, 개성대정, 동제 모시는 마을의 우물들이 신성시된 대표적 우물입니다.

정화수는 맑고 정결하다는 의미를 담고 있으며, 신령과 인간

사이를 매개해주는 역할을 하였습니다. 이른 아침에 조왕신에게 바치는 정화수도 같은 의미입니다. 또한, 물 자체가 가지고 있는 맑은 기운으로 인해 환경, 사람, 물건 등에 묻어 있는 부정을 물리치거나 막는 힘이 있다고 믿었습니다. 물의 맑은 기운은 우리나라뿐만 아니라 서양의 종교에서 성수, 침례의 의미로도 쓰인다는 사실을 알 수 있습니다. 또한, 부정이 있다고 생각되는 대상을 향하여 그릇에 담은 정화수를 손가락 끝으로 세 번 흩뿌리는 것으로 정화의 주술이 이뤄지기도 하지요. 정화수는 우물 숭배, 물 숭배, 혹은 약수 숭배를 배경으로 삼고 있습니다.

한편, 정화수는 《동의보감》에 나오는 물의 한 종류이기도 합니다. 이른 새벽에 처음 길은 우물물은 《동의보감》에 나오는 여러 물 가운데 으뜸으로 꼽힙니다. 물의 성질은 평平하고 맛이 달며 독이 없다. 인체의 음陰을 보충하는 한약을 달이거나 환단還丹을 만드는 데 쓸 수 있습니다. 또한, 정화수를 그릇에 담아서 술이나 식초에 담그면 그 색이 변하지 않는다고 합니다.

정화수는 입에서 냄새가 나는 것을 없애주고 얼굴빛이 좋아지게 하며, 눈에 생긴 군살과 눈자위를 막이 가리는 병을 없애주는 데에 효능이 있다고 전해옵니다. 술을 마신 뒤에 생기는 설사도 그치게 하는 것으로 알려져 있습니다. 정화수에 찻잎을 달여서 마시면 머리와 눈을 맑게 유지하는 데 탁월한 효과가 있다고 합니다.

이른 아침에 목욕하고 난 뒤 정갈하고 맑은 기운으로 첫 우물

물을 길어 올립니다. 그 물을 사발에 담아서 장독대 위에 놓고 새벽 달빛 아래에 양손을 모으고 빌고 있는 여자의 모습을 떠올려봅시다. 직접 그렇게 하지 않았어도 혹은 그렇게 하는 모습을 본 적이 없어도 상상하는 데는 아무런 무리가 없을 겁니다. 이 장면을 어렵지 않게 떠올릴 수 있는 것은 오랫동안 우리의 선조들이 해왔으며, 대대손손 그 정신을 이어 받아왔기 때문이지요. 맑은 물의 기운은 고스란히 마음으로 스며듭니다. 그리하여 염원을 통해 하늘의 축복을 받은 물의 기운이 임하는 것을 느낄 수 있습니다. 치성으로 들이는 일들이 성취될 것이라는 믿음을 가지는 것도 이 때문입니다. 정화수에 희망과 소망을 담아서 기원하는 것은 주어진 섭리와 순리대로 이뤄지도록 내맡기는 것입니다. 하늘의 뜻을 오롯이 알아차려서 그것을 받아들이며 그대로 가고자 하는 마음입니다. 새벽의 첫 마음으로 도를 닦듯이 정성을 다하는 그 마음을 온전히 담고 있는 것이 바로 정화수입니다.

이른 새벽에 정갈한 마음으로 정화수를 올릴 장소를 떠올려봅시다. 하얀 사발 그릇에 깨끗한 물을 담아서 그 장소에 두고 기도하는 나를 떠올려봅시다. 어떤 기도를 드리고 있을까요? 지극 정성을 다하는 마음을 하늘이 온전히 받아주고 있다고 상상해봅시다. 지성이면 감천이라는 말도 있으니까요!

달항아리

백자 달항아리는 조선 후기, 17세기 후반에서 18세기 전반에 제작된 것입니다. 둥근 형태가 보름달을 닮아서 붙은 이름이지요. 백자白瓷 순백색의 바탕흙 위에 투명한 유약을 씌워서 번조燔造한 자기를 말합니다. 백자는 고려 초기부터 이어져서 조선 시대 자기의 주류를 이루었지요. 백자 달항아리는 백자의 기법으로 달의 형태를 띤 항아리를 말합니다.

백자 달항아리는 넉넉하고 둥근 모습을 가지고 있습니다. 우리나라 고유의 아름다움이 절묘하게 드러나는 작품이라고 할 수 있지요. 보물로 지정된 이 항아리는 경기도 광주의 분원관요分院官窯에서 만든 것으로 추정됩니다. 분원은 왕실이나 관청에 공납하던 도

자기를 생산하던 곳을 말합니다. 백자 달항아리의 몸통의 이음새는 비교적 완전하여 비틀림도 거의 없고 안정감이 있습니다. 투명한 유약이 바탕흙에 얇고 고르게 밀착되어 있고 부분적으로 빙열(도자기 광택에서 생기는 갈라진 금)이 있지요. 구연부의 일부 수리를 제외하면, 전체적인 보존 상태가 매우 양호합니다.

대개 달항아리는 크기가 커서 한 번에 물레로 만들기 어려워 위와 아래를 따로 만들어 붙이는 경우가 많습니다. 이는 조선 백토가 가지고 있는, 강도와 점력이 세지만 불에 견디는 힘은 낮아서 소성(燒成, 광물류를 굽는 고온 처리) 후 견디지 못하고 무너질 수 있기 때문입니다. 구연부의 윗부분과 굽을 포함한 하부를 따로 제작한 뒤 두 부분을 이어 붙이는 접합 기법으로 완성하는 것이 일반적으로 많이 쓰는 방식입니다. 따라서 비례가 안 맞는 것도 있고, 만든 사람의 손에 의해 둥근 형태가 제각각입니다. 그런 이유로 달항아리는 완벽한 조형미보다는 부정형의 멋이 특징이라고 할 수 있지요.

백자 달항아리를 잘 보면, 둥글고 하얀 듯하나 균열이 진 부분이 거뭇해 보이기도 하고 전체가 고른 듯하나 한쪽과 다른 쪽의 비례가 정확하게 맞지 않습니다. 완벽하지 않으니 그야말로 인간적인 면이 물씬 풍깁니다. 인위적인 기구를 사용하지 않고 둥근 원을 직접 그려놓은 것만 같습니다. 이 자연스럽고 고졸(古拙)한 멋이 편안하게 느껴지기도 하지요. 수더분한 향기가 느껴지기도 합니다. 반듯하지만 틈이 있고, 허술하지만 고릅니다. 달항아리에는 달이 담겨 있을 것만 같지 않나요? 환한 달빛에서 포근한 정이 느껴지듯이 달항아리에서도 포근하고 넉넉한 품을 느낄 수 있습니다. 흠 하나 없는 완전무결하고 차가운 이미지가 아니라 소탈하고 뭔가 부족한 듯하지만, 그만큼 넉넉하고 너그러운 느낌이 듭니다. 둥글고 하얀 보름달이 비치는 초가집 마당에 핀 하얀 박꽃의 향기가 담긴 것 같습니다. 환하고 둥근 미소를 짓고 있는 저 달항아리는 세상의 모든 갈등과 근심조차 그저 등을 두드려주며 아무 말 없이 품어줄 것만 같습니다.

달의 기운으로 만들어진 〈내 마음의 항아리〉를 떠올려봅시다. 어느 정도의 크기일까요? 항아리 안에 오래 간직했다가 두고두고 누군가에게 나눠줄 수 있는 〈마음〉을 담아봅시다. 그 안에 넣어둔 마음은 〈달의 기운〉을 듬뿍 받고 있기에 늘 변함없이 존재하지요. 꺼내어 나눠줘도 줄어들지 않습니다. 오히려 더 많이 불어나지요. 사실, 그게 마음의 법칙이기도 합니다. 나눌수록 더 많아지는 법이지요. 어떤 마음을 달항아리에 담을까요? 그 마음을 누구한테 나눠줄 수 있을까요?

봉선화

　봉선화鳳仙花는 봉선화과에 속하는 일년생식물입니다. 인도·말레이시아·중국이 원산이지만, 전 세계에서 널리 재배되는 원예식물입니다. 〈봉숭아〉라고도 합니다. 봉선화라는 이름은 우뚝하게 일어서 있는 꽃의 형상이 〈봉鳳〉의 모양과 비슷하다고 해서 붙여졌습니다. 봉선화는 물기와 즙이 많은 다육질의 줄기를 가지고 있으며, 높이가 60센티미터에 달합니다. 털이 없으며 곧추 자라고 아랫부분의 마디가 특히 두드러집니다. 잎이 바소꼴(가늘고 길며 끝이 뾰족하고 중간쯤부터 아래쪽이 약간 볼록한 모양)로 어긋나 있으며, 잎자루가 있고, 양 끝이 점차 좁아지며, 가장자리에 톱니가 있습니다. 4월이나 5월에 씨를 뿌리면 6월 이후부터 꽃이 피기 시작합니다. 꽃은 두세 개씩 잎겨드랑이에 달리고 꽃대가 있어 밑으로 처지며 좌우로 넓은 꽃잎이 퍼져 있습니다. 뒤에서 대롱처럼 속이 빈 꿀주머니가 밑으로 굽습니다. 꽃의 빛깔은 분홍색·빨간색·주홍색·보라색·흰색 등이 있고, 꽃 모양도 홑꽃과 겹꽃이 있지요. 수술은 다섯 개이고 꽃밥이 서로 연결되어 있으며 씨방에 털이 있습니다. 여러 개의 자방을 가진 마른 열매이며, 다량의 씨가 들어 있는 삭과로 털이 있으며 익으면 저절로 터지면서 씨가 튀어나옵니다. 공해에 강한 식물로 도시의 화단에도 적합합니다. 옛날부터 손톱을 물들이는 데 많이 사용했으며 우리 민족과는 친숙한 꽃이지요.

봉선화가 우리나라에 언제 어떻게 도래했는지는 정확하게 알 수 없지만, 우리나라 도처에서 볼 수 있는 꽃입니다. 여름철에 봉선화가 피면 꽃잎을 따다가 괭이밥의 잎을 섞고 백반 또는 소금을 약간 넣어 빻아서 손톱에 얹고 헝겊으로 싸매어 손톱을 곱게 물들였지요. 괭이밥에 포함된 수산이 손톱의 형질을 물렁하게 하고 소금이 매염제가 되어 봉선화 물이 잘 들게 하기 때문입니다.

전해 내려오는 봉선화에 관한 이야기는 다음과 같습니다. 고려 충선왕은 몽고에서 보내온 공주보다 조비를 더 사랑한다는 이유로 당시 고려를 지배하던 몽고의 미움을 받게 되었습니다. 그래서 왕위를 내놓고 몽고의 수도로 불려가서 살게 되었지요. 어느 날, 왕은 한 소녀가 자기를 위해 가야금을 타고 있는 꿈을 꾸었습니다. 소녀의 손가락에서는 피가 뚝뚝 떨어지고 있었어요. 꿈에서 깨어난 왕은 하도 기이하여 궁궐 안에 있는 궁녀들을 모조리 조사해봤는데, 그중 한 소녀가 손가락을 흰 헝겊으로 동여매고 있었습니다. 그 소녀는 고려에서 왔으며, 그렇게 한 이유는 봉선화 물을 들이기 위함이었습니다. 왕은 남의 나라에 와 있으면서도 자기 나라 풍습을 지키는 것을 갸륵히 여겨 관심을 갖고 소녀의 처지를 알아보았습니다. 소녀는 아버지가 충선왕파라 하여 면직당하고 여기까지 끌려왔다고 했지요. 그리고 꿈에 나타난 것처럼 준비한 노래를 들려주겠다고 했습니다. 그렇게 소녀는 가야금을 타면서 왕이 무사히 고국으로 돌아가기를 바라는 노래를 불렀습니다. 이에 충선왕이 크게 감동하여 귀국에 대한 희망과 뜻을 품고 기회를 엿보게 되었습니다. 그러다가 원나라 무종이 왕위에 오를 때 크게 도와준 공으로 왕은 다시 고려에 돌아올 수 있었지요. 왕이 무사히 귀국해서 고려의 왕위에 오른 뒤에 가야금을 타던 소녀를 불러오려 했으나 소녀는 이미 죽은 후였습니다. 왕은 소녀의 뜻을 기리면서 궁궐 뜰에 많은 봉선화를 심게 했다 합니다.

한편, 〈봉선화〉가 주제인 노래가 있지요. 1920년에 홍난파洪蘭坡 작곡, 김형준金亨俊 작사로 부르던 노랫말은 다음과 같습니다.

울 밑에 선 봉선화야 / 네 모양이 처량하다 / 길고 긴 날 여름 철에 / 아름답게 꽃 필 적에 / 어여쁘신 아가씨들 / 너를 반겨 놀았도다

나라를 잃은 슬픔을 노래한 시이며, 작곡가의 바이올린 독주곡 〈애수〉의 선율에 맞춘 곡입니다. 8분의 9박자에 바단조로 된 곡으로, 조금 느린 속도에 작은 세도막형식입니다. 선율은 점차로 상행하였다가 다시 하행하여 끝납니다. 노랫말은 네 글자 단위로 반복되는 단순한 리듬을 가지고 있습니다. 1940년대 초에 반일 사상을 담은 노래라 하여 일제에 의해 가창이 금지되기도 했지요. 우리 민족의 아픔을 잘 담은 노래로 교과서에도 실려 있습니다.

　고려 시대 충선왕의 꿈에 나타났다는 가야금을 탄 소녀와 일제 강점기 때 불렀던 〈봉선화〉의 노래는 일맥상통합니다. 나라를 되찾고자 하는 간절한 염원이 담겨 있기 때문입니다. 망국의 설움과 회한, 독립을 향한 간절한 소망을 담아 노래로 불렀지요. 봉선화가 가진 여러 색깔 중에서 대표적인 것이 손톱에 물을 들이는 빨강, 주황인데 이 빛깔에는 열정, 활기가 있습니다. 다만 예쁘게 치장하는 의미만 가진 것이 아니라, 삶의 활력과 에너지를 부여해줍니다. 나라를 되찾고자 하는 마음을 혈서에 남기듯 가야금을 뜯는 소녀의 이미지가 떠오릅니다. 지금은 반겨 놀지 못할 정도로 처량해 보이는 봉선화이지만 초록이 무성한 여름날, 즐겁게 마음껏 놀 수 있던 시절을 그리워하며 그때로 가고자 하는 소망이 꽃을 그리워하는 마음으로 노래 속에 배어 있습니다.

　봉선화의 매력은 〈물들임〉에 있습니다. 그것은 또 〈번져감〉으로 연결됩니다. 번져간다는 것은 하나가 되는 것입니다. 경계가 허

물어지고, 나와 대상이 하나가 되는 것이지요. 함께 어우러져 조화를 이루면서 새로운 나로 태어나는 것이기도 합니다. 아름답고 어여쁜 날에 대한 그리움과 소망이 이어지면, 간절한 염원은 하늘의 기운과 닿을 수 있을 것입니다. 한 송이 봉선화가 피어나고 자라고 마침내 물들일 수 있을 만큼 성숙해지기까지 공들여 키우고 돌보았을 하늘의 기운을 손톱 위에 얹는 것이지요.

물들이고 번져가는 봉선화의 기운을 느껴볼까요? 내가 물들이고 번지고 싶은 것은 어떤 것일까요? 나부터 시작해서 주위 사람들에게도 번질 수 있습니다. 내 삶에서 진정 곱고 아름답게 번져가고 싶은 것은 도대체 무엇인지 생각해봅시다.

물들이고 번져가는 봉선화의 기운을 느껴볼까요? 내가 물들이고 번지고 싶은 것은 어떤 것일까요? 나부터 시작해서 주위 사람들에게도 번질 수 있습니다. 내 삶에서 진정 곱고 아름답게 번져가고 싶은 것은 도대체 무엇인지 생각해봅시다.

약손

약손은 약이 되는 손을 말합니다. 거꾸로 말해도 마찬가지이지요. 손이 약이 되는 겁니다. 아픈 곳을 만지면 낫는다고 해서 어루만져주는 손을 일컫습니다. 약손이 특히 잘 듣는 것은 배입니다. 대개 배가 아픈 것은 찬 것을 많이 먹어 소화 기능이 저하되기 때문이지요. 이럴 때 따뜻한 손으로 배를 쓰다듬으면 내장이 자극되고 장운동이 활발해집니다. 자연스럽게 배 속이 안정되고 아픈 것도 나아지지요. 아프고 멍든 곳이 있을 때에도 살며시 어루만져주면 마음이 안정되면서 통증이 가라앉기도 하지요.

우리나라에서는 예로부터 약손 앞에 붙는 말이 있습니다. 〈엄마 손〉, 〈할미 손〉이라는 말이지요. 아이가 아플 때 주로 배를 만져주던 이는 아이를 돌보던 엄마나 할머니였기 때문입니다. 자라면서 누구나 한 번쯤 엄마나 할머니의 손 혹은 양육자의 손이 자신을 쓰다듬어주는 경험을 해보았을 테지요. 약손이 주는 효과는 심리적인 면이 가장 큽니다. 외롭고 고단하고 사고와 사건이 많은 삶에서 자신이 혼자가 아니라고 느낄 수 있지요. 누구나 때때로 기대고 싶고 위로받고 싶은 마음이 듭니다. 스스로 지탱할 수 없는 버거운 일들도 많이 생기곤 합니다. 모든 것을 혼자서 극복해야 한다는 책임이 막중할 때도 있습니다. 사실, 외로움이 익숙한 사람은 없습니다. 그저 모른 척하고 참고 살아나갈 뿐이지요. 오히려 외롭지 않다고 피할수록 외로움을 덮을 치명적인 방안을 찾게 됩니다. 심하게 억압하면 여러 병리적인 증상으로 진행될 수 있습니다. 아이들은 더욱 그러합니다. 돌봄과 관심이 필요합니다. 부드럽고 자상한 눈길과 손길이 절실하지요.

현대인들은 충분한 여유를 누리지 못하며 그저 살아가기에만 급급합니다. 문명의 이기로 집안일에서 해방된 것이 분명한데도 그러합니다. 자급자족의 삶이 아니어도 늘 바쁘지요. 인간과 소통하는 시간보다 기계에 접속하는 시간이 점점 늘어나고 있는 실정입니다. 〈약손〉은 한마디로 〈사랑〉입니다. 사랑의 직접적인 표현입니다. 배가 아프면 약부터 찾거나 병원부터 가보라고 하는 현대인들의 정서와는 거리가 멀 수도 있습니다. 단적으로 말하자면, 사랑이 절실한 이 시대에 사랑이 없습니다. 약손이 부활하는 것은

〈사랑〉이 부활하는 것과 같습니다. 무조건 아플 때 손을 갖다 대고 있으라는 것이 아닙니다. 진심을 다해 문지르고 쓰다듬는 것만으로도 나을 때가 있지요. 충분한 관심과 사랑이 전달되면 씻은 듯이 낫게 되는 경우가 분명히 있습니다. 마음과 육체가 유기체로 연결되어 있기 때문이지요. 엄마 무릎을 베고 누워 "엄마 손은 약손이다."라며 배를 어루만지는 손길을 느끼면, 아픔이 달아나고 스르르 잠이 오게 됩니다. 이 보살핌의 힘으로 거친 세상을 힘차게 딛고 살아갈 수 있는 거지요.

아픔이 가시고 치유가 되는 신통방통한 약손! 약손으로 쓰다듬어주고 싶은 과거의 나를 떠올려볼까요? 언제, 어느 때, 어떤 일을 겪었을 때의 나인지 자연스럽게 고스란히 마음이 일어나는 대로 지켜봅시다. 감사하게도 나는 그때를 지나왔습니다. 지금, 현재, 이 순간의 내가 과거의 나에게 다가가 약손이 되어 가만가만히 쓰다듬어주세요. 위로의 말도 건네주면서 따뜻하게 어루만져주시기 바랍니다.

담장

우리나라 담은 낮고 포근합니다. 살벌한 느낌이 아니라 나지막해서 누구나 고개를 내밀고 안을 들여다볼 수 있지요. 담 중에 화려한 느낌을 나는 꽃담은 화장벽돌을 이용해 각종 문양을 베풀어 쌓은 담장입니다. 특히 신정왕후를 위해 지은 경복궁 자경전의 담은 화려한 꽃담의 극치라고 할 수 있습니다. 하단에는 사괴석(四塊石, 벽이나 돌담 또는 화방을 쌓는 데 쓰는 육면체의 돌)을 몇 단 놓고 화장벽돌로 문양을 연출했는데 무시무종(시작도 없고 끝도 없다는 불생불멸의 뜻) 무늬를 비롯해 수복강령(편안하게 오래 복을 받으며 장수한다는 뜻)을 의미하는 문자 무늬, 장수를 뜻하는 귀갑(龜甲, 거북이 등딱지) 무늬가 있고 목단을 비롯한 각종 꽃을 별도로 화판에 새겨 넣기도 하였습니다. 창덕궁 낙선재에도 꽃담이 있습니다. 꽃담은 주로 여성들이 기거하는 공간에서 흔하게 볼 수 있습니다. 창덕궁 상량정과 승화루 사이에 있는 꽃담은 담장에 벽돌로 만든 동그란 월문月門까지 설치된 화려한 꽃담입니다. 덕수궁 유현문의 전축(쌓아 올린 벽돌) 꽃담은 경사진 지형을 따라 직각으로 내리는 한국식 담의 특징을 잘 드러내고 있습니다. 문을 중심으로 꽃담의 폭이 달라지며 거기에 따라 각각 다른 변화의 무늬가 조형되었지요. 격자문, 번개문, 점선문, 줄눈무늬 등 직선과 면의 조화를 잘 나타내고 있습니다.

민간에서는 화장벽돌을 이용해 꽃담을 만드는 것은 찾아볼 수 없고 기와 편을 이용해 소박한 문양을 연출하는 정도였습니다. 괴산의 김기응 가옥에서는 안행랑에 붉은 벽돌과 검은 벽돌을 사용해 마치 궁궐 꽃담과 같이 만든 사례를 볼 수 있습니다.

꽃담은 〈꽃〉이라는 어감 그대로 화려하며 아름다운 담입니다. 여러 가지 색채로 글자나 무늬를 넣고 쌓으며, 궁궐이나 상류 가정의 샛문 주위에서 볼 수 있습니다. 〈담〉은 집이나 일정한 공간을 둘러막기 위해서 흙, 돌, 벽돌 따위로 쌓아 올린 영역의 표시이지요. 담이 주는 세상으로부터 경계선과 분리는 엄격하기 그지없습니다. 함부로 침범할 수 없는 선이지요. 필요해서 쌓아 올리긴 하지만, 담이 높을수록 불안감의 표시고, 불신의 표상이기도 합니다. 그렇다고 담이 없을 수는 없지요. 심리적으로 이를 비유하자면, 자아自我와도 같습니다. 자아는 사고, 감정, 의지 등의 여러 작용의 주관자로서 이 여러 작용에 수반하면서 이를 통일하는 주체를 말합니다. 정신이 건강하기 위해서는 자아가 견고해야 하지만, 자아만을 강조해서는 자신을 포함하여 타인과도 제대로 소통할 수 없습니다.

분석심리학자 카를 구스타프 융^{Jung}에 의하면, 인간은 자아에서 자기^{self}를 향해 자신의 내면으로 들어가야 하며, 그럴 때 진정한 자기 자신이 될 수 있습니다. 그는 이를 〈자기실현화〉, 〈자기개성화〉 과정이라고 하였습니다. 자아가 세상과 자신을 구분 짓는 담이라고 한다면, 이 담이 범접할 수 없을 정도로 높다는 것은 이상심리 현상을 나타냅니다. 걷잡을 수 없는 불안 때문에 과도한 심리적 방어기제를 발동하고 있는 것이지요. 그렇다고 담이 거의 없다 할 정도로 낮은 것도 문제입니다. 자칫하면 세상과 분리가 제대로 되지 않아 휘둘리게 되고 자기 자신을 잃게 되기 때문입니다. 대충 경계를 치면 된다는 뜻이 아닙니다. 너무 높지 않게 경계를 짓되 그 경계에만 머물러 있지 말고 자기 안으로 들어가야 합니다. 그리하여 자기 안의 에너지를 발견하면, 메마르지 않고 솟아오르는 에너지로 담을 넘어가서 세상과 소통할 수 있습니다. 그것은 자신의 내면에 근원적인 힘이 있음을 알아차림으로써 일어나지요. 그리하여 담은 어느 한쪽에만 치우치지 않고, 균형을 이루는 중립성을 가지고 있습니다.

우리나라 담은 경계 역할을 하는 데 그치지 않고 담 밖을 지나가는 타인과 세상에게 아름다움을 선사해줍니다. 아름답고 고운 의미를 가진 담길을 걸어가다 보면, 저절로 행복해집니다. 그 아름다운 경계에 잠시 기대어 쉬고 싶어지기 마련입니다.

나와 세상 사이에 아름다운 경계를 짓는 담을 떠올려봅시다. 기댈 수도 있고, 따라 걸을 수도 있는 담입니다. 너무 높지 않고 야트막한 담장을 상상해봅시다. 세상과 충분히 소통할 수 있는 담입니다. 어떤 빛깔과 어떤 높이, 어떤 길이를 지녔는지 떠올려보세요. 그 담으로 오고 가는 것도 떠올려봅시다. 나는 세상한테 어떤 것을 받고, 어떤 것을 줄 수 있을까요?

장독

장독은 장류가 담긴 독과 항아리를 말합니다. 독과 항아리를 놓아두는 곳을 장독대라고 하지요. 장독대는 햇볕이 잘 드는 동편에 마련하고 대지가 넓은 집에서는 뒷마당에, 좁은 집에서는 앞마당에 마련하였습니다. 대개는 부엌과 가까운 뒤뜰의 높직한 곳에 놓았지만, 물가와 가까우면서 높고 깨끗하고 바람이 잘 통하며 양지바른 곳에 두었습니다. 벌레가 오지 않도록 각별하게 조심했습니다. 돌로 단을 쌓아 높게 하고, 굄돌로 사방을 받치거나 벽돌로 장독받침을 따로 만들어 쓰기도 했지요. 두세 개의 돌로 층을 쌓아서 한두 평 정도의 높다란 대를 만들어서 맨 뒷줄에는 큰독, 중간에는 중간 독, 앞줄에는 항아리를 늘어놓았습니다. 가장 큰 독은 장독으로 쓰고, 중간 독에는 된장, 막장 등을 담아두었고, 작은 항아리에는 고추장류나 장아찌류를 담아두었지요. 집안 살림의 규모가 클수록 장독대의 규모도 컸습니다. 장독대의 자리가 좋고 장독이 번듯하고 가지런하면 그 집안이 크게 일어날 것이라고 여겼지요. 이사할 때도 대개 장독대부터 옮길 정도로 애지중지했습니다. 주부의 살림 솜씨를 장독을 간수하는 모습을 보고 평가하기도 했습니다. 매일 정성으로 장독대 주변을 정갈하게 하고 화초로 주변을 꾸미고 장독을 깨끗하게 닦아서 윤이 나게 했습니다.

장독은 음식을 보관하기 위해 사용했던 용기입니다. 채집 사회와 농경 사회를 거치면서 잉여 곡식과 부식을 저장할 필요가 있었습니다. 특히 우리나라는 발효를 특징으로 하는 음식이 많아서 필수적으로 장독을 사용했지요. 집집마다 특색 있는 음식 맛은 바로 장맛에서 나온 것이었고, 장은 장독에 보관했으니 장독을 잘 관리하는 것이 관건이었습니다. 대개 겨울에 구운 독을 이른 봄에 사야 좋은 독이라 했습니다. 오뉴월의 독은 장마철이어서 굽기 전에 독이 잘 마르지 않아, 고온으로 구워냈어도 습기를 걷어내지 못해서 장을 담그면 쉽게 상하기 때문이었지요. 좋은 독은 장을 담가두었을 때 소금쩍이 겉으로 배어 나와 독이 숨을 쉴 수 있어야 한다고 보았습니다. 좋은 독은 가볍고 색이 노리끼리하고 불그스름한 게 예쁘고 쇳소리가 나는 것이지요. 장독의 모양은 가지런하고 균형이 맞아야 합니다. 옹기는 점토를 2~3개월 건조하고 흙을 부수고 반죽해서 적당한 크기의 가래를 만들어 물레질과 유약 처리로 이를 건조하고 가마에서 구워내는 긴 과정을 거쳐 완성했습니다. 정성이 가득 담긴 만큼 장인이 가진 무수한 상념들이 옹기에 스며들어 있다고 할 수 있습니다. 이 모든 것이 어우러져 장맛이 결정된다고 보았기에 장독의 선택이 무척 중요했지요. 독이 마련되면 짚에 불을 붙여서 장독을 엎어놓고 잡냄새와 잡균을 제거했습니다.

장독은 투박하고 우직합니다. 담기면 담기는 대로 고스란히 그것을 품습니다. 간직하고 보관하며, 그 내용을 안고 숨을 쉽니다. 담긴 그대로 그것을 껴안은 채 살아갑니다. 장독은 고스란히 품고 안는 힘이 있습니다. 세월이 흐르면서 내용물이 익고 다듬어져서 발효되어 제대로 맛이 나게 합니다. 오랫동안 담긴 것들을 안고 있다 보면, 장독은 그 내용물과 하나가 됩니다. 장을 담은 곳에는 장을 비워내도 장 냄새가 납니다. 비바람에도 견딜 수 있을 만큼 단단하고 넉넉하게 만들어진 장독은 내용물을 보관하고 간직하며 성숙할 수 있는 공간을 제공하지요.

내 마음의 장독이 있다면, 그 독 안에 들어 있는 장의 맛은 어떨까요? 〈마음의 독〉안에서 오랫동안 머물러 있어서 내 인격과 인성, 성격을 이루는 맛이 된 〈마음의 장〉을 상상해 봅시다. 어떤 맛인지 떠올려봅시다. 달콤할까요? 씁쓸할까요? 아니면 밍밍한가요? 짜고 매울까요? 내 마음의 장독이 〈마음의 장〉한테 뭔가 말을 해준다면 뭐라고 할까요? 지금, 이대로, 잘하고 있다고 응원해줄까요? 아니면 뭔가 좀 더 마음을 바꿔보자고 권할까요? 〈마음의 독〉이 내게 해주는 말을 들어봅시다.

명당

명당_{明堂}은 풍수지리에 의거한 이상적 공간으로 길한 자리를 말합니다. 예로부터 무덤이나 집터, 마을 자리를 정할 때 좋은 자리로 여기는 곳을 가려 선택했습니다. 명당자리에 무덤을 쓰거나 집을 지으면 좋은 일이 많이 생긴다고 보았지요. 풍수지리에서는 명당을 구체적으로 지정하고 있습니다. 명당은 상징적으로 청룡_{靑龍}과 백호_{白虎}, 주작_{朱雀}과 현무_{玄武}라는 사신사_{四神砂}에 둘러싸인 혈_穴 앞의 땅을 가리킵니다. 명당은 추상적인 공간이지만 이를 이론적으로 구명하여 택지하는 것이 풍수지리설입니다. 땅을 해석하는 여러 원리 중에서 명당과 직접적인 관련이 있는 방법이 정혈법_{定穴法}이지요. 혈_穴은 풍수의 핵심이 되며, 묫자리일 경우 시신이 직접 땅에 접하여 그 생기를 얻을 수 있는 곳입니다. 집터의 경우 거주자가 실제로 삶의 대부분을 보내는 곳이므로 중요하다고 여겼습니다. 명당은 이 혈 앞의 넓고 평탄한 땅을 일컫습니다. 좁고 경사지거나 비뚤어지면 좋지 않다고 보았습니다.

혈은 흔히 〈세계의 중심〉, 〈대지의 배꼽〉, 〈대지의 자궁〉이라는 상징적인 의미를 가지며, 신성현현(神聖顯現, 성스러운 신의 나타남. 테오파니 theophany)과 신력현시(神力顯示, 신의 능력이 눈에 보여짐, 신의 강림. 에피파니 epiphany)를 함의한 공간입니다. 길(吉)함과 복을 받을 수 있는 발복(發福)을 염원하는 마음을 장소에 담아낸 것이 명당이라고 할 수 있습니다. 죽은 자와 관련된 터를 음택(陰宅)이라 하고, 산 자와 관련된 터를 양택(陽宅)이라 하였습니다.

우리나라에는 풍수지리에 부합하여 양기가 가득한 땅을 가려내고 그곳을 중요한 장소로 활용하는 관습이 이어져 오고 있습니다. 흔히 〈명당〉이라고 하면 〈복이 굴러오는 자리〉, 〈복을 받는 자리〉라고 알고 있습니다. 오래전부터 동서양을 막론하고 인간의 힘을 초월한 땅의 힘을 믿어왔으며, 이는 신화나 전설을 통해 전해 내려왔지요. 그리스 신화에 나오는 대지의 여신은 〈가이아Gaia〉입니다. 로마에서는 〈텔루스Tellus〉가 있고, 소아시아 북부 프리기아에는 〈키벨레Cybele〉여신이 있습니다. 인도의 대지의 신은 〈샤니Shani〉이고, 이집트에서는 〈게브Geb〉라고 불렀습니다.

수메르 신화에서는 태초의 땅을 낳은 모신으로 인간의 창조를 도운 〈키^{Ki}〉가 있었고, 아프리카 폰족의 대지의 신은 〈사크파타 Sakpata〉였습니다. 아프리카 이보족의 대지의 여신은 〈알레^{Ale}〉였으며, 인도네시아 발리섬에서는 〈라티^{Rati}〉, 인디언의 대지의 어머니는 〈아위텔린 츠타^{Awitelin Tsta}〉, 폴리네시아의 대지의 여신은 〈포^{Po}〉였습니다. 중국의 대표적 민족종교인 도교에서는 도시를 수호하는 신을 〈성황신_{城隍神}〉, 성 바깥쪽의 촌락이나 교외를 관할하는 신을 〈토지야_{土地爺}〉, 묘지의 수호신을 〈후토신_{后土神}〉으로 불렀지요. 우리나라에서는 〈지신_{地神}〉이라고 하며, 단군신화를 토대로 볼 때, 단군의 어머니 웅녀를 의미하기도 합니다. 〈땅〉은 대개 모성을 상징하고 있습니다. 대지의 신 또한 〈어머니〉라고 쓰는 이유는 작물이 자라게 하고, 만물을 소생하게 하며 낳고 기르고 품는 땅의 역할 때문이라고 볼 수 있습니다.

명당은 풍수지리에 근거를 두고 있지만, 〈마음의 명당〉은 보다 확장한 의미를 가집니다. 마음속, 보이지 않는 곳에 존재하는 명당은 글자 그대로의 뜻을 고스란히 따라오면 됩니다. 명당_{明堂}은 〈밝을 명_明〉과 〈집 당_堂〉을 쓰지요. 밝은 집이 곧 명당이라는 말입니다. 인간을 〈집〉에 비유해서 밝은 곳에 있다면, 그곳이 명당인 셈이지요. 흔히 쓰는 말에 〈앉은 자리가 꽃자리〉라는 말이 있습니다. 이 말은 내가 있는 곳이 곧 명당이라는 뜻입니다. 극대화된 긍정이 우러나는 말이지요. 자신의 삶에 대해 당당하고, 확신을 가지는 것은 삶에 대한 〈자발성〉이라고 할 수 있을 것입니다. 마음의 명당은 자신의 마음이 빛나고 있음을 아는 것입니다. 살다 보면, 마음의 날씨가 어두컴컴해질 때가 있지요. 간혹 먹구름이 몰려오고 천둥번개가 치더라도 구름이 걷히고 나면 원래의 푸른 하늘이 펼쳐지기 마련입니다. 가리고 덮인 어둠들이 가득하다고 하더라도 마음의 빛은 절대 꺼지지 않습니다. 가려진 것들이 들춰지고 드러날 때 〈마음의 빛〉은 여전히 그곳에서 빛나고 있습니다. 마음의 빛을 깨닫는 것이 바로 마음의 명당입니다.

〈내 마음의 명당〉을 상상해볼까요? 그곳은 마음 깊은 곳에서 늘, 항상, 언제나 변함없이 밝고 아름다운 빛이 있습니다. 언제나 평온하게 휴식하면서 기운을 차릴 수 있는 곳이지요. 힘들 때면 언제나 그곳에서 위로와 격려의 에너지를 받을 수 있는 곳입니다. 이렇게 떠올리는 것만으로도, 알아차리는 것만으로도 명당으로 갈 수 있습니다. 지금, 내 마음의 명당에서 에너지를 받아보세요.

복조리

　복조리는 우리 선조들이 섣달 그믐날 한밤중부터 정월 초하룻 날 아침까지 걸어놓고 복을 빌었던 조리를 말합니다. 정월 초하루에 만들어 파는 조리는 특히 복을 가져다준다고 해서 복조리라고 불렀지요. 초하루 전날 밤부터 조리 장수는 골목을 돌아다니면서 "복조리 사시오, 복조리요."라고 외치곤 했습니다. 겨우내 만든 복조리를 온 식구가 등에 지고 전국 각지로 흩어져 내다 팔기도 했지요. 각 가정에서는 대개 1년 동안 쓸 수 있는 양의 복조리를 사는데, 밤에 미처 사지 못한 사람은 이른 아침에 사기도 했습니다. 조리는 쌀을 이는 데에 쓰는 기구로 가는 조리는 대나무를 가늘게 쪼개어 가는 죽사竹絲로 엮어서 만들거나 대오리나 싸리 따위로 결어서 조그만 삼태기 모양으로 만듭니다. 새해의 행복을 조리와 같이 일어 얻는다는 뜻에서 이런 풍속이 생겨난 것으로 보입니다. 1년 동안 쓸 조리들을 사서는 몇 개를 한데 묶어 방 귀퉁이나 부엌에 매달아두었다가 썼지요.

복조리는 말 그대로 복을 불러오는 조리입니다. 축복이 일어나기를 간절하게 소망하며 걸어두고 그 마음을 합했지요. 〈복〉을 비는 마음은 그야말로 극대화된 긍정의 마음이겠습니다. 이 긍정적인 마음을 담아 집 안, 잘 보이는 곳에 걸어두었던 것은 〈복〉을 다만 비는 데 그치지 않고 적극적으로 일궈내겠다는 의미입니다. 즉, 부지런히 손을 놀려서 쌀을 일어내듯 복을 불러오기 위해 복을 짓는 언행으로 열심히 살아가겠다는 의지가 함께 담겨 있는 것이지요. 쌀을 일어 구수한 밥을 짓듯이 복을 일궈내어 양식이 되는 삶, 향기 나는 삶을 일구고자 하는 자발성을 상징적으로 드러내고 있는 것이 바로 복조리입니다.

축복을 불러들이는 나만의 단어를 생각해볼까요? 그 단어를 자주 소리 내어 말해봅시다. 혹은 속으로 속삭여봅시다. 그 단어가 바로 〈내 마음의 복조리〉입니다. 결국, 축복을 불러오는 것은 바로 〈나〉입니다.

줄타기

줄타기는 한국 전통 방식으로 줄 위에서 행하는 놀이입니다. 줄타기는 전 세계적으로 널리 알려져 있고 행해져 왔지만, 우리나라는 독특한 방식을 가지고 있습니다. 즉, 한국 전통 공연예술인 줄타기는 음악 반주에 맞추어 줄타기 곡예사와 바닥에 있는 어릿광대가 서로 재담을 주고받는다는 점에서 독창적입니다. 주로 줄타기는 야외에서 행한다. 줄을 타는 곡예사가 재담을 하면서 줄 타는 동작을 하는가 하면, 줄 위에서 노래와 춤을 곁들이기도 합니다. 다양한 기예를 하는 동안 어릿광대는 줄 아래 바닥에서 곡예사와 거리낌 없이 재담을 주고받고 악사들은 그에 곁들여 흥을 돋우는 반주를 합니다. 줄타기 곡예사는 간단하고 단순하게 줄을 왔다

갔다 하는 동작을 하다가 점점 더 어렵고 난도 높은 묘기를 선보이지요. 줄타기 기술은 약 40개에 달한다고 알려져 있습니다.

줄 타는 곡예사는 줄 위를 걷는 것만 하는 것이 아니라 노래, 춤, 곡예를 하면서 두 지점 사이에 매단 가느다란 줄 위에서 흥미진진하고 세태를 풍자하는 재담을 늘어놓습니다. 곡예사 혼자서 행하는 것이 아니라 재담에 맞춰 반주하는 악사들이 있고, 곡예사와 대화를 주고받는 어릿광대가 함께 어우러집니다. 줄판은 오후 내내 이어지기 때문에 지루하지 않도록 곡예와 재담과 음악이 잘 조화되게끔 구성되어 있습니다. 곡예사는 간단한 기술에서 시작해 줄에서 오르락내리락 뛰기도 하고, 구르고, 재주를 넘기도 하고, 다리를 꼬고 앉는 등 어려운 묘기를 선보입니다. 동시에 줄 위에서 농담하고 노래를 부르며 천연덕스러운 행동을 합니다. 보는 이로 하여금 가슴을 졸이게 하고, 그 대담함에 혀를 내두르게 만듭니다. 줄타기는 예부터 전해 내려오는 종합예술이며, 놀이입니다. 우리나라 줄타기는 다만 기예만 선보이는 것이 아니라 대화와 노래가 어우러지고 관객과 곡예사와 서로 소통한다는 점에서 독보적입니다. 줄타기는 고려 시대 때 처음으로 기록에 등장했고, 1976년에는 중요무형문화재 제58호로 지정되었습니다.

〈줄타기〉는 곡예^acrobat의 일종입니다. 줄타기는 인간의 삶을 상징하고 있습니다. 언제 떨어질지 알 수 없는 불안이 늘 잠재되어 있다는 점, 방심하게 되면 떨어질 염려가 크다는 점, 능수능란한 사람도 안심할 수 없다는 점, 언제 무슨 일이 일어날지 예측할 수가 없는 점, 불안하지만 짐짓 태연하게 아무렇지도 않게 지내야 한다는 점 등등의 여러 변수가 작용합니다. 그래서 줄에서 내려올 때까지 긴장의 연속이지요. 갈수록 어렵고 힘들고 책임감이 가중되기도 합니다. 그런 위험천만한 상황에서도 곡예사는 노래하고 풍자와 위트 섞인 재간을 부리는가 하면, 점점 난도 높은 기술을 보여줍니다. 줄타기를 가만히 바라보고 있자면 자신의 인생을 연민의 눈으로 지켜보는 것 같은 느낌이 듭니다. 위태로운 삶을 살아내는 것이 줄타기에 들어 있습니다. 그러면서 곡예사처럼 능청스럽게 웃고 함께 흥얼거리고 손뼉을 치지요. 줄 위에 있으나 줄 위에 있지 않은 것처럼 흥에 겨워 어우러집니다. 줄 따위의 위협에 기죽지 않겠다는 듯, 줄 위가 마치 바닥과도 같다는 듯 줄과 같이 노는 곡예사의 몸짓과 하나가 됩니다. 그리하여 줄 타는 이와 그것을 보는 이의 경계가 허물어지며 모두 하나가 되지요.

위태로운 지금의 삶을 건너면서 줄을 가지고 마음껏 놀듯이 삶을 주무르는 자신을 상상하게 되는 것이지요. 이와 같은 줄타기와 마음이 합쳐지는 경험으로 말미암아 삶에 대한 긴장감이 해소되고, 일상의 스트레스가 감소하면서 막혔던 마음이 스르르 풀어지는 경험을 할 수 있습니다. 한 치 앞을 내다보지 못하는 삶의 한계를 그대로 껴안은 채 위험천만한 삶의 한가운데서 더불어 놀고 노래 부르고 웃다가 삶을 마무리하게 되는 경험은 개인적 통찰로 이어져서 줄타기 같은 삶을 신나는 축제로 변하게 되지요.

사실, 우리는 모두 삶이라는 줄 위에 아슬아슬하게 줄을 타듯 살아나가고 있습니다. 줄타기하듯 사는 삶! 그렇지만 자꾸만 줄을 타다 보면 능수능란할 때가 분명히 옵니다. 넘어질까 두렵기도 하고 서툴기도 한 지금의 나에게 <미래의 나>가 위로와 격려를 보내봅시다. 그 <미래의 나>는 줄 위에서 눈을 감기도 하고, 한 발 들기도 하고, 물구나무를 서기도 하며 자유자재로 줄을 타는 멋진 곡예사입니다.

공무도하가

〈공무도하가 公無渡河歌 〉는 백수광부 白首狂夫의 아내가 지은 고대가요입니다. 정확한 제작 시기는 알 수 없으나, 고조선 시기로 추정됩니다. 원래의 노래는 전해지지 않지만, 그 한역인 「공후인」이 진나라 최표의 《고금주》에 설화와 함께 채록되어 있습니다. 노래는 다음과 같습니다.

그대여, 물을 건너지 마오. (공무도하 公無渡河)

그대 결국 물을 건너셨도다. (공경도하 公竟渡河)

물에 빠져 돌아가시니 (타하이사 墮河而死),

가신 임을 어이할꼬 (당내공하 當奈公何).

최표의 《고금주》에 기록된 이 노래의 배경 설화는 다음과 같습니다. 공후인은 조선의 진졸津卒 곽리자고의 아내 여옥麗玉이 지은 것입니다. 진졸은 관청에서 뱃사공으로 일하는 사람을 이르는 말입니다.

자고子高가 새벽에 일어나 배를 저어 가는데, 머리가 흰 미친 사람이 머리를 풀어헤치고 호리병을 들고 어지러이 물을 건너고 있었습니다. 그의 아내인 듯 보이는 이가 뒤쫓아가면서 외치며 막았으나, 그 사람한테 다다르기도 전에 결국 물에 빠져 죽었습니다. 쫓아가던 아내는 그가 죽자 공후(고대 중국, 한국, 일본에서 쓰이던 현악기)를 타며 〈공무도하公無渡河〉의 노래를 즉석에서 지어 불렀습니다. 그 노래는 너무나 구슬펐지요. 노래를 끝마치고 아내는 스스로 물에 몸을 던져 죽었습니다.

자고가 돌아와 아내 여옥麗玉에게 그 광경을 이야기하고 들었던 노래를 들려주니, 여옥이 슬퍼하며, 곧 공후로 그 소리를 본받아 탔습니다. 그 노래를 듣고 눈물을 흘리지 않는 이가 없었습니다. 여옥은 그 소리를 이웃 여자 여용麗容에게 전하니 일컬어 공후인이라 했습니다.

이 노래는 채록자·채록 양식·창작 지역 등이 중국이라는 점에서 중국의 작품이라는 견해가 대두되기도 했습니다. 그러나 창작 지역인 중국의 직례성 조선현이 고조선 이래로 한인들이 잔류하면서 독자적인 문화 양식을 유지해온 곳이어서, 〈공무도하가〉의 원작자는 우리나라 사람일 가능성이 큽니다. 오히려 중국 쪽에 이런 노래가 전해지고 기록된 것은 우리 노래가 그만큼 널리 전파되어 있었던 증거라고 볼 수 있겠습니다.

설화에는 상징과 은유, 주술과 신화적 의미가 포함되어 있지요. 설화와 노래 속에서 〈물〉이 상징하는 것은 〈경계〉입니다. 이승과 저승 사이를 가르는 기준이 바로 〈물〉입니다. 머리가 하얗게 센 미친 남편이 저승 쪽으로 건너가려고 합니다. 제정신이라고 볼 수 없을 정도로 만취해 있는 상태입니다. 그 행동을 저지하려고 뒤따라오던 아내가 미처 닿기도 전에 남편은 익사하고 맙니다. 이때, 그의 아내는 이미 물속으로 몇 발자국 뛰어들었을 것입니다. 그렇다면 물이라는 경계는 수직 구조를 이룹니다. 물의 표면 위는 이승이고, 물 아래는 저승입니다. 깊이에 따라서 삶과 죽음이 나뉘는 셈이지요. 백수광부의 처가 노래하는 모습을 지켜보던 곽리자고도 물 위의 배에 있습니다. 〈물〉이 지니는 공통성은 삶과 죽음이 따로 존재하지 않는다는 사실입니다. 〈물〉이라는 같은 상황 속에서 물의 표면과 내면으로 삶과 죽음이 나뉩니다. 그것도 확연하게 분리되는 것이 아닙니다. 노래를 부르던 백수광부의 처 또한 물속에 잠김으로써 물과 하나가 되고 맙니다. 별리別離에 대한 구슬픈 노래를 부르면서 합일合—이 되었지만, 인간적인 관점에서 보자면 비극적 종결이 되고 만 것이지요. 인간이 처할 수 있는 가장 두려운 상태가 〈죽음〉이라는 사실을 볼 때, 죽음은 회피하고 막아내고 싶지만 그럴 수가 없습니다. 그저 〈수용〉할 수밖에 없지요.

설화 속 이야기를 좀 더 들여다보면 백수광부는 〈취해 있는 상태〉임을 알 수 있습니다. 〈취해 있다〉는 것은 어떤 의미일까요? 19세기의 프랑스 시인 샤를 피에르 보들레르^{Charles Pierre Baudelaire}는 그의 시 「늘 취해 있으라^{Enivrez-Vous}」에서 노상 취해 있도록 우리를 부추기고 있습니다. 모든 것이 거기, 취해 있다는 것에 존재하며 이것이 본질적인 문제라고 합니다. 마음 내키는 대로 다만 계속 취해 있다가 취기가 덜하거나 가셨으면 물어보라고 합니다. 바람이나 파도나 별에게 새나 시계에게 지나가는 모든 것, 울부짖는 모든 것, 굴러가는 모든 것, 노래하는 모든 것들에게 물어보면, 그들이 대답해 줄 것이라고 말합니다. 술이든, 시든, 미덕이든 무엇이든 취해 있으라고 하지요. 〈취한다는 것〉은 무엇일까요? 그것은 몰입하는 것입니다. 몰입(沒入)은 깊이 파고 들어가 빠지는 것으로 내가 나임을 잊어버릴 수 있는 심리적 상태를 말합니다. 몰입은 무아지경_{無我之境}이나 물아일체_{物我一體}와 일맥상통합니다.

다시, 설화 속으로 들어가 보면 백수광부는 〈물〉이라는 이승을 넘어선 초월적 세계에 몰입하고 있음을 알 수 있습니다. 그것을 바라보다가 마침내 물에 뛰어든 백수광부의 처와 이 모든 광경을 그대로 지켜보던 곽리자고, 그의 아내 여옥은 모두 〈몰입〉을 경험하고 있습니다. 그것은 경계선으로서의 물이 수직적 차원에서 표면과 내면의 위치를 점하고 있음으로써 삶과 죽음을 나누는 것이 아닙니다. 여옥의 노래를 들었던 여용, 그리고 수 세기를 건너와 노랫가락은 알 수 없지만, 설화와 노래 내용을 듣고 있는 지금,

우리와 하나로 연결되어 있습니다. 애초에 경계선으로 작용했던 물은 삶과 죽음을 한데 이어주고 있습니다. 이 노래를 듣고 슬퍼하지 않은 자가 없다는 문헌상의 구절에서 우리는 모두 죽음과 연결되는 경험을 하게 됩니다. 따라서 우리는 백수광부가 되고, 또 그의 처가 되어 줄 없는 공후를 타며, 가락 없는 노래를 부르며 물속에 잠기는 것입니다. 미국의 심리학자 미하이 칙센트미하이[Mihaly Csikszentmihalyi]가 물 흐르는 것처럼 자연스럽고 편안한 느낌이란 의미에서 몰입을 영어로 〈플로[flow]〉로 칭한 것도 이러한 맥락입니다.

우리는 함께 취해서 흘러가는 것이지요. 이러한 느낌을 〈수용〉이라고 할 수 있을 것입니다. 우리는 각자 현재에 살아가고 있지만, 〈공무도하가〉에 얽힌 이야기 속으로 들어가면, 백수광부와 그의 처와 함께 곽리자고와 여옥과 여용을 만날 수 있습니다. 이들은 이미 물속에 가라앉은 이들이며, 우리도 서서히 그 안으로 들어가고 있습니다. 혹은 작품으로 공감하는 순간, 물속 깊이 들어가서 그들과 만나게 되는 거지요. 죽음을 향해 가는 삶, 삶의 또 다른 얼굴인 죽음을 어떻게 할 수 있을까요? 다만 받아들일 뿐입니다. 그것도 적극적으로 말이지요.

〈마지막 순간의 나〉는 어떠할까요? 몇 살 때, 어디에서 어떤 분위기에 있을까요? 상상해봅시다. 너무 두려워 말고, 있는 그대로를 받아들여 봅시다. 마지막 순간의 내가 지금, 현재, 이 순간의 나에게 들려주는 메시지를 떠올려봅시다. 무엇이라고 해주고 있을까요? 이런 상상을 하는 것은 지금, 현재, 이 순간을 아름답게 살아갈 수 있는 멋진 자극이 됩니다. 내 생의 마지막 순간을 상상해봅시다.

조각보

조각보는 쓰다 남은 천 조각을 이어서 만든 보를 말합니다. 주로 서민들이 천 조각이라도 아끼려는 마음에서 천을 모아 만든 보로써 궁보에서는 발견되지 않는 특색이 있지요. 자투리 천 조각들은 따로 모아서 필요할 때 적당한 크기와 색상의 조각을 찾아 썼는데, 이 천 조각을 모아두는 반 주머니 형태의 보자기를 〈맘부〉라고 했습니다. 조각 천들을 머릿속으로 그려서 꿰매어 잇는 작업은 정성이 많이 들어갑니다. 조각보를 만들면서 옛 선조들이 생활 예술을 성취해가는 즐거움을 느꼈으리라고 짐작할 수 있습니다. 발견된 조각보 가운데에는 장롱 깊은 곳에 보관되어 있고, 직접 쓰지 않는 것이 많은 것으로 봐서 조각보를 만들면서 복을 비는 염원의 마음을 담은 것이라고도 볼 수 있습니다. 원래 보자기는 복을 싸둔다는 의미에서 〈복〉이라고도 불렀습니다. 이처럼 〈보자기〉의 원래 뜻이 〈복褔〉과 관련이 있으며, 특히 조각보를 공들여 만드는 과정에서 복을 비는 마음이 충분히 담겼을 것으로 여겨집니다. 이렇게 만든 조각보는 장롱 깊숙이 보관해두었다가 일가 간에 나누어 쓰거나 시집가는 딸한테 혼숫감으로 주거나 대를 이어 며느리한테 물려줬던 거지요.

조각보에 주로 사용했던 직물은 각종 견직물과 모시 등이며, 같은 종류끼리 이어져 있습니다. 얇은 사, 나 따위의 견직물이나 모시로 된 조각보는 홑보로 대부분 여름에 사용되었으며, 두꺼운 명주는 겹보로 꾸며져서 겨울철에 주로 사용하였습니다. 홑보는 이중으로 홈질을 해서 솔기를 쌌고, 이때 홈질한 자국이 오히려 드러나게 천과 다른 색실을 사용해서 바느질한 흔적을 보여주면서 실의 자리 또한 장식의 효과에 이용하기도 했지요. 겹보를 꾸밀 때는 시접을 양쪽으로 꺾은 다음 천의 겉면에서 감침질을 해서 실을 감추었습니다. 한 폭 이내 조각보로는 받침보, 덮개보, 노리개보 등이 있습니다. 두 폭 정도의 큰 조각보는 대부분 상보가 많이 쓰였지요. 구성미가 특히 빼어난 조각보는 조각들을 일정한 패턴 없이 자유롭게 결합한 것이 많습니다.

크기와 모양과 색상이 각양각색인 수십 개의 천 조각이 조화를 이루어 예술의 미를 느낄 수 있습니다. 질서 정연하지 않고 자연스러우면서도 수준 높은 절묘한 아름다움을 자아내기 때문입니다.

조각보는 생활 속의 지혜를 담고 있습니다. 근검절약하는 마음이 배여 있지요. 자투리 천이라도 버리지 않고 소중하게 여기는 마음이 모인 것입니다. 〈조각〉을 귀하고 소중하게 여기는 마음이 조각보를 탄생시킨 것이지요. 조각보는 여러 다양한 크기와 색깔의 조각들이 만나서 어우러져 하나의 보가 되는 과정을 담고 있습니다. 각기 다른 색깔을 있는 그대로 받아들여 봅시다. 우리 삶 또한 제각각 크기와 모양이 다른 것들로 이루어지니까요. 살아오면서 각양각색의 사람들을 만나고 부딪치기 일쑤이지만, 조각보 안에서는 동떨어지지 않고 모두가 하나가 되지요. 자기 색깔을 버리지도 않습니다. 조각보는 다양함을 수용하며 열려 있는 공간입니다. 각기 다르지만, 외따로 있거나 흩어져 있지 않습니다. 한데 모여 한 공간에서 조화를 이루어 하나의 보자기가 되는 거지요. 어두운 색깔이라고 함부로 취급하지도 않습니다. 다양한 색이 그 모습 그대로 어우러져서 완성체가 되는 것이지요.

우리의 삶도 그러합니다. 어떤 것은 취하고 어떤 것은 버리고 싶어집니다. 이왕이면 좋은 것들만 취하고 싶지만, 실상은 그렇지 않습니다. 더럽고 추하고 냄새나는 것들도 하나로 엮여서 〈나〉를 이루고 있습니다. 일그러지고 비뚤어진 것도 나입니다. 여기저기 비틀리고 숨기고 싶을 정도로 역겨운 것도 나이지요. 삶의 편린들은 때때로 수치스럽기만 한 기억을 남기기도 합니다. 그 모든 삶의 시간들이 지금 현재의 나를 만들어낸 것이지요. 여러 색깔을 가지고 있는 순간들이 모여서 하나의 삶을 이룹니다. 그러니까 있는 그 대로의 나를 들여다보라고, 삶을 수용하라고 조각보가 가만히 속삭이고 있군요.

삶은 매 순간, 조각보로 이루어져 있습니다. 순간마다 나는 어떤 빛깔과 느낌의 조각보를 잇대고 있을까요? 내가 나한테 해줄 수 있는 힘이 되는 말을 조각보에 담아봅시다. 눈에 보이는 것, 물질 위주가 아니라 마음의 힘을 키울 수 있는, 어떤 말을 할 수 있을지 생각해봅시다. 그 말이 조각보가 되어 내 삶을 아름답게 빛낼 거예요.

사랑방

사랑방_{舍廊房}은 글을 읽거나 손님을 접대하던 곳입니다. 문갑, 서안, 연상, 지통 등 문방에 관련한 기구들과 팔걸이, 보료, 방석, 장침, 병풍 등의 가구들이 배치되어 있었지요. 옛 선비들이 일상적으로 머물렀던 장소이자 손님을 위한 접객 공간으로 주택 외부에 있었습니다. 공간은 비교적 좁은 편이나 아담하게 정리된 선과 면의 형태를 이루고 있었지요.

이런 사랑방의 용도가 지금은 이웃과 나누는 공간, 지역사회의 소모임이 열리고 정다운 이야기들이 오고 가는 곳으로 전환되어, 〈사랑방〉이라는 이름은 원래의 취지보다 확대된 용도로 널리 쓰이고 있습니다. 즉, 원래 쓰였던 한자어인 집 〈사숨〉와 사랑채 〈랑廊〉이라는 말보다 〈사랑〉을 주고받는 공간, 〈사랑〉이 퍼지는 공간으로 단어의 의미가 확장·확대되어 쓰이면서, 사랑방은 이웃과 소통하는 장소라는 상징성을 갖게 된 거지요. 또한, 옛 선조들의 집에 있었던 사랑채가 가부장적인 남성 중심의 장소였다면, 현재의 〈사랑방〉은 남녀노소를 불문하고 함께 어우러지는 소통의 의미를 지니고 있습니다. 그러니 현대에 와서 〈사랑방〉은 원활한 소통이 이뤄지면서 서로의 의견을 교환하면서 토론하기도 하고, 정담 어린 이야기꽃을 피우는 사랑이 충만한 공간이라는 의미로 활용되고 있습니다.

이런 사랑방에서 서로 대화가 통한다는 것은 감성에 바탕을 두되 사유할 수 있는 이성적 작용이 활발하게 일어나는 상태로 할 수 있겠지요. 이처럼 사랑방은 합리적이고 이성적인 면을 활성화한다고 볼 수 있겠습니다.

내 마음의 사랑방이 있다면 누구를 초대하고 싶은가요? 지금은 헤어져 만나지 못하는 이도, 이 세상에 계시지 않는 분도 좋습니다. 누구를 초대해서 어떤 대화를 나누고 싶은지 떠올려봅시다. 내 마음의 사랑방에 그 대상을 초대해서 먼저 말을 걸어보고 내가 떠올린 존재가 답하는 것을 마음으로 들어봅시다.

절

절은 타인에 대한 공경의 인사를 말합니다. 몸을 굽혀서 인사를 하지만 공경하는 마음과 상황, 대상에 따라 굽히는 정도가 약간씩 차이가 나기도 하지요. 절을 할 때는 먼저 경의敬意의 마음을 가져야 합니다. 그런 다음 몸을 굽혀서 마음을 표현하는 것입니다. 일반적으로 절을 하는 이는 아랫사람이고 절을 받는 이는 윗사람입니다. 사람에게만 절을 하는 것이 아니라 신한테도 행했습니다. 예로부터 신은 감정이 있는 인격체라고 여기고 인간과 영적인 소통을 한다고 믿었으므로 살아 있는 인간에게 존경을 표하듯이 절을 했지요. 민간신앙이나 무속에서는 선 채로 허리를 굽히며 손을 비비거나 꿇어앉아서 머리를 숙이며 손을 비는 〈비손〉의 형태를 취했습니다. 유교에서는 꿇어 엎드려 머리를 땅에 대고 배례를 했지요. 효제충신孝悌忠信의 마음으로 윤리에 입각한 절을 행했으며, 돌아가신 조상에 대한 예를 갖추기 위해 절을 하면서 섬기기도 했습니다. 불교에서는 합장배례를 하면서 부처에 대한 공경을 행했지요.

절의 역사에 대한 정확한 문헌상의 기록은 없지만, 청동기시대나 고대 국가의 성립 시기 때 어떤 형태로든 절이 있었을 것이라고 추정됩니다. 절에 관한 가장 오래된 기록은 《삼국유사》의 고조선 조에 나오는 단군신화에서 찾을 수 있습니다. 호랑이와 곰이 동굴에 살면서 사람이 되게 해달라고 신웅에게 빌었다는 대목의 〈빌다祈〉라는 말, 다시 사람의 여자로 화한 웅녀熊女가 아이를 갖게 해달라고 〈빌고 원하였다呪願〉는 말에서 바로 〈비손〉을 뜻하는 것이라고 짐작할 수 있습니다.

현재 우리나라에서 행해지는 절은 크게 〈선절〉과 〈앉은절〉로 구분합니다. 〈선절〉은 똑바로 선 자세에서 고개나 허리를 굽히는 것으로, 그 굽히는 정도로 존경의 깊이를 나타내지요. 이때, 양손은 사람에 따라 다리의 양옆에 자연스럽게 놓거나 앞으로 모으기도 하는데, 양손을 모으는 것을 더 정중한 것으로 여깁니다. 〈앉은절〉은 앉은 자세로 하는 절로서 특별한 의식으로 행하는 큰절, 평상시 웃어른을 뵐 때 하는 평절, 그리고 약식 절이라고 할 수 있는 반절이 있습니다. 큰절은 평절에 비해 형식이 분명하고 절의 횟수도 평절의 배가 됩니다.

여자의 큰절은 혼자 하기 힘들고 실수할 염려도 있어 수모手母
한두 사람이 겨드랑이 밑을 부축해주었지요. 손과 팔의 모양을 그
대로 유지한 채 천천히 앉아서 다리를 양옆으로 벌리고 머리와 허
리를 최대한으로 굽혀 바닥에 숙입니다. 또는 앉을 때 왼쪽 다리를
조금 뒤로 빼고 앉아 정좌한 자세가 되도록 하고 머리와 허리를 굽
히기도 했습니다.

남자의 큰절은 몸을 똑바로 세워 발뒤꿈치를 모으고 오른손 엄
지를 왼손으로 감싸듯 해서 눈높이까지 가볍게 올렸다가 천천히
내려 바닥을 짚습니다. 이어서 먼저 오른쪽 다리를 약간 뒤로 빼내
어 꿇은 다음 왼쪽 다리를 무릎을 가지런하게 꿇고 허리를 굽혀서
코가 바닥에 닿을 만큼 엎드립니다. 이때 등, 허리, 엉덩이가 거의
수직이 되도록 합니다. 한 호흡 정도의 시간이 지난 뒤 양손과 왼
쪽 무릎을 떼어 일어나면서 손을 다시 눈높이까지 올렸다가 같은
방법으로 절을 반복한 뒤 일어나서 양손을 눈높이까지 올렸다가
가슴 앞까지 내림으로써 마칩니다. 지역에 따라 길사와 흉사의 차
이를 두어 손의 처리 방법을 달리하기도 합니다. 길사에는 왼손으
로 오른손을, 흉사에는 오른손으로 왼손을 각각 감쌉니다. 여자의
큰절은 시부모나 친정 부모에게, 또는 혼례, 상례, 제례 등의 의식
에서 행합니다. 대개는 재배를 하나 혼례 때 시부모를 처음 뵐 때,
사당 참배나 제사 때에는 반드시 4배를 합니다. 바른 자세로 서서
오른손을 왼손 위에 가볍게 얹고 양팔을 손과 수평이 되게 팔꿈치
를 들어 손을 이마에 대고 머리를 약간 숙입니다.

여자의 평절은 이마에 손을 대지 않은 채 앉아서 하는데, 앉는 자세는 대체로 세 종류가 있습니다. 양 무릎을 세우고 하는 자세, 양 무릎을 꿇고 하는 자세, 그리고 한쪽 무릎은 세우고 다른 무릎은 꿇고 하는 자세입니다. 양 무릎을 세우고 하는 자세는 똑바로 서서 양손을 자연스럽게 몸의 양옆으로 드리우고 몸을 천천히 곧게 내려서 쪼그린 모양이 되게 합니다. 이때 엉덩이는 바닥에 닿지 않게 하고 양손은 양옆의 바닥을 짚습니다. 양 무릎을 꿇고 하는 자세는 오른쪽 무릎을 약간 앞으로, 왼쪽 무릎을 약간 뒤로 하여 비켜 앉습니다. 이때 엉덩이는 왼발 위에 놓이고 손은 앞으로 모아 바닥을 짚습니다. 한쪽 무릎만 세우는 경우, 왼쪽 다리는 무릎을 구부려 세우고 오른쪽 다리는 무릎을 꿇고 앉습니다. 이때 엉덩이는 왼발 위에 살짝 닿게 하고 손은 양옆을 짚습니다.

남자의 평절은 살아 있는 어른을 뵐 때나 조상_{弔喪}할 때 행하는 절로서 대개 단배_{單拜}를 합니다. 절을 하는 방법은 양손을 모아 약간 위로 올리듯 하고는 큰절과 같은 방법으로 한 다음 일어났다가 무릎을 꿇고 양손을 무릎 위에 올려놓습니다.

여자의 반절은 남자의 경우와 비슷한데, 아랫사람에게 답례할 때에는 왼쪽 무릎을 세우고 앉은 채 손은 상대에 따라 양옆을 살짝 짚거나 앞으로 모아 짚고 머리와 허리를 약간 숙입니다.

반절은 평등한 친교 사이 또는 손아랫사람에게 답례로 하는 절입니다. 경우에 따라 무릎을 꿇기도 하거나 앉은 채로 하기도 하며, 손도 양손을 모아 짚기도 하고 따로 떼어서 짚기도 합니다. 가장 가벼운 평절은 앉은 채로 상체나 고개를 약간 숙이는 정도에 그치기도 하는 것입니다.

이러한 절 풍습은 현재에 이르러 간소화되어, 서서 허리를 굽혀 인사를 하거나 악수나 목례로 대신하기도 합니다. 하지만 격식을 차려야 할 때나 의식을 거행할 때는 반드시 절을 하며, 이러한 우리나라 고유의 풍습이 생활 속에서 고스란히 이어져 내려오고 있습니다.

절은 상대방을 〈공경〉하고 〈존중〉하는 마음을 갖고 몸으로 행하는 것이라는 점에서 지극히 〈이성〉적인 행위입니다. 원망이나 질투, 상대방에 대한 부정적 생각을 가지고 있다면, 반듯한 자세로 예를 다하는 행위인 절을 하고 싶은 마음이 일지 않기 마련입니다. 혹은 그런 마음을 가진 채 절을 한다면, 그렇게 한 자신의 이율배반적인 행동 때문에 갈등하거나 불편한 마음이 들 것입니다. 절을 한다는 것은 겸손하게 자신을 낮추는 행위이며, 상대방을 존중하면서 예禮를 통해 소통하는 것입니다. 인간은 인간만이 아니라 자연 만물, 현존하는 세계뿐만 아니라 알지 못하는 다른 세상에 대해서도 예를 갖추고 절을 했습니다. 이는 인간을 포함한 자연, 그리고 초자연을 공경하고 존경한다는 의미로 해석할 수 있습니다. 지구의 여러 존재 중에서 인간만이 절을 할 수 있다는 점에서 절은 〈이성의 꽃〉이라고 볼 수 있겠습니다. 이런 풍습은 서양에서는 잘 볼 수 없으며, 공경과 정성을 담은 인간관계와 소통을 중시하는 우리나라의 아름다운 전통이라고 할 수 있습니다.

만약 절을 한다면, 누구한테 하고 싶은가요? 절을 드리고 싶은 대상과 이유를 떠올려봅시다. 이 세상에 존재하고 있는 분도, 이미 이 세상을 떠난 분도 괜찮습니다. 그 대상한테 정성을 다해 절을 올리는 모습을 상상해봅시다. 어떤 느낌이 드는지 있는 그대로 느껴보세요.

마당

마당은 집의 앞뒤에 닦아놓은 평평한 땅을 말합니다. 집 둘레의 빈 땅이 건축물이나 벽체에 둘러싸여 형성되는 마당과 특수한 목적을 위해 독자적으로 만든 마당으로 구분할 수 있습니다. 마당의 〈마〉는 맛·맏·묻과 관련되어서 땅의 의미로 사용하고, 〈당〉은 장(場), 즉 장소의 의미를 포함하고 있지요.

우리나라 전통 가옥의 구조는 마당이 있었고, 집안의 대소사에서 주로 마당을 활용하였습니다. 마당에 멍석을 깔고 차일을 쳐서 손님을 접대하였고, 추수철이 되면 마당에서 타작을 하고 곡식을 말리기도 했습니다. 농악대가 모여 놀기도 했으며, 온 가족이 모여 앉아 이야기를 나누기도 했지요. 농촌의 민가에서는 안마당과 뒷마당으로 구분하였습니다. 농작물의 타작, 건조, 가공 등의 작업에는 주로 안마당을 활용하였고, 주거 생활에 필요한 저장, 공급을 위한 장소인 뒷마당에는 장독대나 우물이 있었습니다. 중류 및 상류계급의 주택에서는 남녀의 생활공간을 구분하기 위해서 사랑마당과 안마당으로 차이를 두었습니다. 사랑 마당은 직접 대문에서 통하는 개방 공간이었으며 안마당은 대문에서 몇 번 방향 전환을 해서 문과 담을 지나야만 이르게 되는 폐쇄적 공간으로 안쪽에 자리했지요. 안채의 뒷마당에는 화초와 나무를 심어서 휴식을 위한 공간으로 이용하기도 했습니다. 행랑채의 마당에는 작업을 위주로 하는 마구간, 창고 등이 있었지요. 민가 농촌의 마당에는 외양간, 돼지우리, 닭장, 농기구 창고, 곡식 창고 등이 있어서 농경 생활을 바탕으로 구성되어 생활공간의 기능을 했습니다. 대개 마당은 사각형으로 평평하게 다져진 땅이지요. 이처럼 우리나라 전통의 마당은 다양한 기능을 가지고 지역민들과 소통하는 공간이라는 특징이 있습니다.

마당은 여러 이야기가 있는 장소입니다. 그 집안의 사람들이 날마다 오가면서 가졌을 희로애락을 고스란히 품고 있습니다. 누군가를 그리워하면서 달을 보기도 했을 것이고, 정화수를 떠놓고 간곡하게 소원을 빌기도 했을 겁니다. 마당에 내리는 눈을 보면서 설레기도 하고, 떨어지는 낙엽에 스산한 가슴을 쓸어내리기도 했을 테지요. 잔칫날에는 부지런히 음식을 날라서 손님들을 접대하고, 흥에 겨운 풍물패를 맞이하면서 한 해의 복을 기원했을 테지요.

이처럼 마당은 가족의 숨결이 깃든 장소이자 가족 신화가 이뤄지는 소통의 장소였습니다. 〈마당〉이 주는 넉넉함 속에서 〈기쁨〉을 떠올릴 수 있습니다. 지금, 현대인들의 생활공간에서는 요원한 일이기도 합니다. 대부분 아파트나 빌라에서 생활하게 되어 예전의 마당 형태는 없어졌기 때문입니다. 아파트의 경우 통로가 마당을 대신하겠지만, 시멘트로 만들어진 데다 고유의 마당 기능을 수행하기에는 턱없이 부족합니다. 마당이 사라진 오늘날이지만, 〈마당〉이라는 말이 어떤 일이 이루어지는 판이나 상황에 대한 말로 쓰여 〈판소리 한마당〉, 〈인형극 한마당〉 같은 의미로 사용되기도 합니다.

이제 이 마당을 내 마음에서 고스란히 느껴봅시다. 내 마음에 마당이 있습니다. 크기와 모양은 어느 정도일까요? 어떻게 꾸밀까요? 무엇무엇을 갖다 놓으면 좋을까요? 원하는 그대로 얼마든지 꾸밀 수 있습니다. 그곳에 함께 있는 이는 누구일까요? 내 마음의 마당에서 나는 무엇을 하고 있나요? 내 감정은 어떨까요?

복주머니

    복주머니는 복을 불러오는 주머니라는 뜻으로 천에 길한 의미를 지닌 한자어 〈수$_{壽}$〉, 〈복$_{福}$〉, 〈부$_{富}$〉, 〈귀$_{貴}$〉 글자를 무늬처럼 수놓아 만들었습니다. 우리나라의 전통 옷인 한복에는 물건을 넣을 수 있는 호주머니가 없어서 따로 주머니를 만들어 허리에 차거나 손에 들고 다녔지요. 이왕이면 복을 불러들인다는 길상$_{吉祥}$의 의미를 담아 주머니를 만들어 착용하게 된 것이지요. 신라 시대부터 모든 시대에 걸쳐 남녀 모두 사용하였고, 그 신분에 따라서 감이나 색상을 다르게 하기도 했습니다. 여자들은 한복을 입고 나들이를 할 때 장식을 겸해서 들고 다니기도 했지요. 바탕천으로는 여러 가지 색채의 비단이나 무명을 썼고, 형태는 양 모서리가 각이 진 귀주머니

153

와 전체가 둥그스름한 모양의 두루주머니로 나눌 수 있습니다. 복주머니를 정성껏 만들어서 새해나 정월 초하루에 새해맞이 선물로 친척, 자손들한테 나눠주기도 했습니다. 이 풍습은 조선 시대 궁중에서 음력 정월 첫해 일(상자일上子日, 정초 십이지 일의 하나로 첫 쥐날이라고 부름)에 볶은 콩 한 알씩을 붉은 종이에 싸서 넣은 주머니를 종친들에게 보내주던 풍습으로 인해 비롯되었다고 합니다. 이는 쥐날에 주머니를 차면 그해 내내 귀신이 물러가고 만복이 온다고 믿는 데에서 시작되었습니다.

복주머니는 복을 불러온다는 주술적인 의미에서 복주머니는 복조리와 비슷한 맥락을 가집니다. 다만, 걸어두는 복조리에 비해, 복주머니는 안에 소지품을 넣어서 갖고 다닐 수 있다는 점에서 실용적이었지요. 복주머니를 만드는 과정에서 복을 염원하는 마음과 정성이 수놓아지면서 복주머니를 전해줄 대상을 떠올리며 잘되기를 기원하는 마음도 함께 담겼습니다. 복주머니를 전해 받은 이는 그것을 전해준 이의 간절한 기도를 함께 받고 행복했을 것입니다. 복주머니를 가지고 다니면서 복이 들어올 것을 믿는 마음은 인간이 가진 자만을 내려놓는 것과도 연결됩니다. 즉, 초월적인 힘을 인정하고 인간의 행위로 만사가 결정되는 것이 아님을 겸손하게 받아들이는 마음을 읽을 수 있습니다. 열심히 노력했으니 마땅히 복을 받아야 한다는 당위성이 아니라, 하늘의 뜻으로 복을 받을 수 있기를 기원하는 겸허한 마음이 깃들어 있습니다. 마음을 먹고 행동으로 옮기는 것은 인간이 하되, 그 일의 성사는 하늘의 뜻임을 수용하는 마음이 담겨 있는 것이지요. 단순히 실용적인 주머니가 아니라 복을 염원하는 복주머니는 〈복〉을 생각하고 복 받을 것을 기대하는 마음으로, 복이 임했을 때의 기쁨까지 미리 간직하고 있습니다.

복주머니를 이제 마음에서 느껴봅시다. 내 마음에 복을 불러들이는 복주머니가 있습니다. 어떤 모양과 빛깔, 크기일까요? 내 마음의 복주머니에 어떤 복이 담겨 있는지 떠올려봅시다. 놀랍게도 내가 떠올린 그대로 복이 존재합니다. 내 마음의 복주머니 안에 있는 복을 그대로 오롯이 누려봅시다.

부채

부채는 손으로 흔들어 바람을 일으키는 물건을 말합니다. 대오리로 살을 하고 종이나 헝겊 따위를 발라서 자루를 붙여 만들지요. 우리나라 전통 부채는 태극선, 미선, 합죽선, 부들부채, 까치선이 있습니다. 인류가 처음으로 사용한 부채는 큰 나뭇잎이었을 것으로 추정됩니다. 우리나라 문헌 가운데 부채에 관한 가장 오래된 기록으로《삼국사기》「견훤조」에 "우리 태조를 추대하여 즉위하였다. 견훤은 이 말을 듣고 그해 8월에 일길찬—吉湌 민극을 파견하여 이를 하례하고 드디어는 공작선孔雀扇과 지리산 대화살竹箭을 보냈다."라는 구절이 등장합니다. 이를 통해 우리나라에는 고려 초인 10세기에 이미 부채가 있었음을 알 수 있지요.

부채는 예로부터 바람을 일으키거나 먼지를 날려 청정하게 하는 기능이 있었으며, 재앙을 몰고 오는 액귀나 병을 일으키는 병귀 같은 사邪를 쫓는다고도 믿었습니다. 단오에 부채를 선물하는 풍습이 있었는데 이를 염병을 쫓는 부채라는 뜻으로 〈벽온선僻瘟扇〉이라고 하였습니다. 신명 나는 굿판을 벌이는 가운데에서도 부채를 들고 무춤을 추기도 했는데 이때는 신을 부르는 상징으로 활용하였습니다. 신랑이 신부를 맞이하기 위해 백마에서 내려 신부 집 대문으로 들어서면서 얼굴을 가릴 때는 파란 부채를 썼으며, 신부가 초례청으로 나올 때는 신부 얼굴을 수모가 빨간 부채로 가려주기도 했습니다. 이때 부채는 신랑과 신부의 동정의 표상이기도 했지요. 국상이나 친상을 당하면 그림이나 글씨가 없는 〈소선素扇〉을 2년 동안 지니고 다녔습니다. 이는 군부君夫를 잃은 죄인이 얼굴을 들고 다닐 수 없다 하여 얼굴을 가리기 위한 것이었다고 합니다. 양반집 부녀자는 내외하기 위해 낮 외출을 삼갔는데, 부득이 외출할 때는 부채로 얼굴을 가리고 다니기도 했습니다. 이런 풍습은 태종 14년에 이르러 부채 대신 모자 앞에 발을 드리워 염모로 얼굴을 가리고 다니는 것으로 바뀌었고, 이 염모는 머리에서 상반신을 덮어씌우는 장옷으로 발전하였지요. 그런 후로는 부채를 들고 다니는 여자는 기생과 무당으로 국한되었습니다.

부채는 방구부채와 접부채로 나뉩니다. 방구부채란 부챗살에 깁紗이나 비단 또는 종이를 붙여 만든 둥근 형태의 부채를 말합니다. 한자로는 단선團扇 또는 원선圓扇이라고 합니다. 접부채는 접었

다 폈다 할 수 있게 부챗살에 종이를 붙여 만든 것이지요. 한자로
는 접선$_{摺扇}$ 또는 접첩선$_{摺疊扇}$이라고 합니다. 접부채 중에서 부챗살
은 10골에서 60골까지 다양합니다. 단옷날을 앞두고 임금에게 부
채가 진상되면 임금은 그 부채를 신하들에게 하사했는데, 벼슬의
품수에 따라 부챗살의 골수를 맞추었습니다. 부챗살의 골수뿐 아
니라 부채 끝에 다는 패물로도 신분을 식별했지요. 비취나 호박,
서각$_{犀角}$ 등을 단 것은 품수가 높고, 옥이나 쇠뿔이면 중간, 쇠붙이
면 낮은 신분이었습니다. 또 3품 이상의 벼슬아치에게 하사하는
부채에는 내의원에서 만든 옥추단(일체의 독에 대한 해독 작용을 하는
약)에 구멍을 뚫어 다는데, 가지고 다니다가 복통이나 곽란(음식이
체하여 토하고 설사하는 급성 위장병) 등이 생기면 이 선초$_{扇貂}$, 부채 자루
끝에 달아매어 늘어뜨리는 장식품)의 옥추단을 긁어 타 마심으로
써 응급 처치를 하였습니다. 우리나라에는 〈별선$_{別扇}$〉이라는 특별
한 부채가 있었습니다. 문헌에만 남아 있고 지금은 볼 수가 없는데
고려 시대에 있었던 부채로 부드러운 솔가지를 엮어 만든 송선$_{松扇}$
을 말합니다.

　이처럼 부채의 기능과 모양은 다양했지만, 일반적으로 〈부채〉
는 바람을 일으키는 역할을 하지요. 〈바람〉이 꼭 필요한 순간에 부
채를 부치는 것입니다. 바람은 잡귀나 악귀를 쫓아낼 때, 더위를
쫓아낼 때, 부끄러움을 쫓아낼 때 필요했습니다. 또한, 바람은 신
을 불러들일 때도 필요했지요. 부채는 쫓아내고 불러들이는 바다
의 밀물과 썰물 같은 역할을 가지고 있습니다. 우주의 음과 양을

동시에 품고 조화를 이루는 것이 부채의 역할이기도 합니다. 그것은 바로 부채가 지닌 〈환기〉의 기능 때문이지요. 마음에 담아둔 정체된 것을 부채를 부쳐서 날리고 불러옴으로써 기운이 도는 것, 환기해서 정화된다는 의미가 있습니다. 원활한 환기를 위해서 적극적인 행동으로 옮기는 것이 바로 〈부채질〉이지요. 약을 달이면서 불이 잘 붙도록 부채질을 할 때는 거기에 지극정성의 마음이 깃들어 있었습니다. 굿판에서 부채는 신을 잘 불러들이기 위한 도구로 쓰이기도 했지요. 판소리나 시조를 읊을 때 간간이 부채를 폈다 오므렸다 하는 너름새의 도구가 되기도 했습니다. 부채는 쫓아내거나 불러들이거나 간에 〈기쁨〉을 주는 존재였으므로 부채를 선물하는 풍습이 지금까지도 이어져 오고 있지요.

부채의 기운을 이제 마음 안에서 느껴볼까요? 내 안에 시원한 바람을 불러일으킬 마음의 부채는 내가 원하는 크기만큼, 내가 떠올리는 만큼 바람을 가져다줄 것입니다. 이왕이면 부채의 색깔도 부채의 모양도 상상해볼까요? 내 마음 안을 상쾌하게 환기해주는 부채의 이름도 붙여 주세요. 무엇이라고 하면 좋을까요? 제대로 상상했다면, 갑갑하고 막막할 때 혹은 스트레스가 가득할 때 신기한 일을 체험하게 될 거예요. 부채 이름을 부르면 나도 모르게 내 마음이 시원하게 펑! 뚫리는 멋진 경험을 하게 될겁니다.

정자

정자$_{후子}$는 경치가 좋은 곳에서 쉬거나 풍류를 즐기며 정서를 환기하기 위해 마련된 건축물로, 벽이 없는 것이 특징입니다. 기둥과 지붕만 있도록 지어서 바닥을 마루로 깐 것도 있고, 바닥의 한 부분에 온돌방을 둔 것도 있습니다. 정자는 살림집과 다르게 쉬거나 유람하는 공간으로 낮은 마루를 가지고 있으며, 누$_{樓}$와 대$_{臺}$보다 규모가 훨씬 작고 평면이 장방형, 육각형, 팔각형의 단층 구조입니다. 정자는 〈정각$_{후閣}$〉는 높은 언덕, 혹은 대 위에 세운 집을 의미하지요. 정자는 이름을 지어 앞에 붙이되 끝말은 〈당$_{堂}$〉, 〈헌$_{軒}$〉, 〈정$_{후}$〉 등으로 불렀습니다. 보통 개인이 건축했지만, 여러 사람이 함께 공유하면서 어울렸습니다. 정자는 그 지역 선비나 문인들의 휴식

처였습니다. 또한, 정자는 뜻이 통하는 벗들과 함께 모여 시를 짓거나 정세를 논의하는 정치 토론의 장이기도 했으며 때로는 제자들을 가르치는 교육의 장소이기도 했습니다.

문헌상 나타나는 최초의 정자는 조선 시대 태조가 왜구를 물리치기 위하여 서해도 해주海州에 가서 관아의 동쪽에 있는 정자에서 여러 장수들과 만났다는 《조선왕조실록》의 기록에서 찾을 수 있습니다. 이 문헌에서 정자는 관아의 부속 건물을 의미하는 것으로 보입니다. 그보다 더 구체적으로는 역시 조선 시대 1394년(태조 3)의 판문하부사 안종원이 그가 거처하는 정자를 〈쌍청정雙淸亭〉이라 하였다는 기록이 있습니다.

정자는 대개 물 좋고 산 좋은 곳에 위치합니다. 정자에 앉아서 환담을 나누거나 명상에 잠기기도 하지요. 자연의 일부인 인간이 일상의 갖은 고초와 근심을 잠시 내려놓는 공간이 바로 정자입니다. 정자 위에 머무는 동안은 생활의 터전으로서의 삶을 잠시 쉴 수 있습니다. 누구나 정자 위에 있을 때는 편안하고 느긋해집니다. 조급해할 것도 안달할 것도 없지요. 구름이 제각각 모양을 바꾸면서 바람을 타고 하늘을 유영하듯이, 인간사도 흘러가는 대로 내맡기면 될 것이라고 넌지시 알려주고 있습니다. 양다리를 뻗고 앉거나 아예 대자로 뻗어서 누울 수도 있습니다. 정자는 바삐 돌아가는 삶과 거리를 두고 자연과 하나가 될 수 있는 공간이지요. 잡념으로 가득 찬 머리를 개운하게 씻어내어 마음의 여유를 되찾는 곳이기

161

도 합니다. 세파에 찌든 마음을 꺼내 시원한 바람으로 헹굴 수 있는 정자에서는 마음 깊은 곳에서 살고 있던 시인이 불쑥 고개를 내미는 것도 같습니다.

몸과 마음을 편하게 쉴 수 있는 곳, 풍광의 기운을 그대로 받는 곳, 에너지를 충전하고 스트레스를 다스릴 수 있는 곳, 내 마음의 정자를 상상해볼까요? 내 마음의 정자는 어디에 있을까요? 주위를 둘러봅시다. 무엇이 보이나요? 내 마음의 정자에서 나는 어떤 모습을 하고 있나요? 이곳이 바로 마음의 퀘렌시아(Querencia), 스트레스와 피로를 풀며 안정을 취할 수 있는 나만의 안락한 장소일 테지요.

풍경

풍경風磬은 처마 끝에 다는 작은 종입니다. 붕어 모양의 쇳조각을 달아서 바람이 부는 대로 흔들리면서 소리가 나게 되는 구조를 가지고 있지요. 또한, 풍경은 법당이나 불탑의 처마 또는 옥개(석탑이나 석등 따위의 위에 지붕처럼 덮는 돌) 부분에 매달아 소리가 나게 하는 장엄구를 말합니다. 장엄구莊嚴具는 부처의 위대함과 숭고한 정신, 지극한 덕을 대중에게 보다 효과적으로 알리기 위한 방편으로 불상 주위를 아름답고도 엄숙하게 장식하는 것을 일컫지요. 풍경을 〈풍령風鈴〉 또는 〈풍탁風鐸〉이라고도 합니다. 바람에 흔들려서 소리가 나게 하는 구조이지요. 풍경은 수행자의 나태와 방일함을 깨우치는 역할을 합니다. 풍경의 방울에는 대개 고기 모양의 얇은 금

163

속판을 매달아두었지요. 고기가 잘 때도 눈을 감지 않는 것과 마찬가지로 수행자는 언제나 깨어 있어야 한다는 의미를 지닙니다. 풍경은 일반 범종의 형태를 취하고 있습니다. 20센티미터가 넘는 큰 것도 있지만, 대부분 10센티미터 내외입니다. 대표적인 유물로는 신라 감은사지에서 출토된 청동 풍경이나 백제 미륵사지에서 출토된 금동 풍경이 있습니다.

종 아래 매달려 있는 물고기는 유유자적합니다. 매달려 있는데도 한가롭다니 이상하게 들릴 수 있겠지만, 〈풍경〉을 직접 보면 누구나 그렇게 여길 겁니다. 바람 따라 흔들리는 폼이 꼭 바람과 노는 듯 보입니다. 허공을 자유롭게 헤엄치는 것 같기도 합니다. 물고기가 매달려 있는 것이 아니라 물고기가 종을 이끌고 다니는 것처럼 느껴지기도 하지요. 물고기가 종을 칠 때마다 경쾌하면서 은은한 소리가 울려 퍼집니다. 소리조차 여유롭습니다. 풍경 소리는 바람이 부르는 노래이지요. 범종 소리가 강하고 깊다면, 풍경에 달린 종이 울리는 소리는 가볍고 높습니다. 풍경에 있는 종과 물고기와 소리는 바람과 한데 어울립니다. 그러니까 풍경을 완성하는 것은 〈바람〉이라고 할 수 있습니다. 바람이 불면 부는 대로 멈추면 멈추는 대로 흐름을 탈 줄 아는 풍경을 보고 있으면 뭔가 깨달아지는 것이 있지요. 순리대로 수용하면서 사는 삶이 최고의 삶이라는 사실입니다. 제 소리를 낼 줄 알되 그게 다가 아니어야 하겠습니다. 풍경은 보는 이의 마음을 평화로 이끄는 역할을 합니다.

내 마음속에 〈풍경〉이 있다고 상상해볼까요? 기분 좋은 바람이 불어오고 내 마음의 풍경은 은은하게 소리를 내고 있습니다. 바람이 부는 대로 잔잔하게 춤을 추며 내는 풍경의 소리를 떠올려봅시다. 그렇게 상상만 해도 지금 풍경이 있는 곳에서 풍경과 즐기게 되니까요.

상엿소리

상엿소리는 장례식 때 상여를 메고 가는 상두꾼이라고 불리는 이들이 부르는 노랫소리를 말합니다. 옛날에는 마을에서 초상이 나면 마을 사람들이 서로 협동해서 장례를 치르고, 또 상여꾼들이 되어서 상엿소리를 불렀지만, 이러한 장례 풍습이 사라져가고 있어서 지금은 보기가 쉽지 않습니다.

상여는 시신을 싣고 장지까지 옮기는 데 쓰이는 도구를 말합니다. 가마보다 더 길고 크며 몸채 좌우에는 밀채가 앞뒤로 길게 뻗어 있습니다. 밀채의 앞과 뒤에는 가로로 채막대가 대어 있고, 앞의 채막대 좌우에는 두 줄씩 끈을 달아서 뒤의 채막대에 붙잡아 맵니다. 앞과 뒤의 채막대와 몸채 사이에는 중간 채막대가 일정한 간격으로 가로질러 있어서 줄과 묶어서 상두꾼들이 상여를 메는 끈으로 삼을 수 있습니다. 상여의 몸채는 단청으로 채색을 하고 네 귀에는 포장을 쳐서 햇볕을 가렸습니다. 뚜껑에는 연꽃이나 봉황새로 장식해서 화려한 외관을 나타내었지요.

상여가 나가기 전날 밤에 초경, 중경, 종경으로 나누어 예행연습을 하면서 부를 때는 〈장맞이〉 혹은 〈말메이는 소리〉라고 합니다. 앞소리를 부르고 요령을 잡았다 하여 〈요령잡이〉라고도 불리는 선창자는 요령을 흔들면서 애처로운 소리로 앞소리를 합니다. 앞소리의 노랫말은 유·불·선적인 내용을 포함해서 이들 정신과 사상을 바탕으로 한 고사를 인용하는 것이 상례였지요. 또한, 삼강오륜의 도덕성 확립을 위한 교훈적이고 계몽적인 내용을 많이 담고 있습니다.

출상하는 순서에 따라 서창소리, 행상소리, 자진상엿소리, 달구소리로 나누어집니다. 서창은 24~32인으로 구성된 상여꾼들이 상여를 메고 죽은 이의 혼이 집을 떠나기 서러워하는 심정을 나타내기 위하여 느리게 부르는 부분입니다.

행상소리는 상여를 메고 가면서 부르는 소리입니다. 자진상엿소리는 묘지에 거의 다 와서 산으로 올라가면서 부르는 소리이고, 달구소리는 하관 뒤에 무덤을 다지면서 부르는 소리이지요.

상엿소리는 장례 의식과 상여를 메고 운반하는 과정, 또한 땅을 다지면서 하는 노동의 기능이 복합되어 있습니다. 따라서 의식요이면서도 노동요의 성격을 지닙니다. 상엿소리는 전국적으로 널리 행해졌으며, 지역적 특색이 짙게 드러나 있지요.

다음은 경상북도 울릉군 울릉읍 도동리에서 전해지는 상엿소리의 노랫말입니다. 이 노래는 연의 구분이 없는 25행의 연속체입니다. 가창 방식은 후렴이 있는 선후창이고 율격은 장중한 4음보격을 기본으로 하고 있지요.

> 어허 어어어 어리넘자 어허어 / 저승길이 멀대해도 삽작밖이
> 황천이요 /
> 어허 어어어 어리넘자 어허어 / 서른서이 상도군아 발을마차
> 소리하소 /
> 어허 어어어 어리넘자 어허어 / 좁은질도 널리잡아 질도없이
> 라 넘어간다 /
> 어허 어어어 어리넘자 어허어 / 간다간다 나는간다 저승길에
> 나는가네 /
> (……)
> 어허 어어어 어리넘자 어허어.

상엿소리는 죽은 자의 넋을 기리면서 무덤에 묻히는 순간까지 함께하며 산 자와 죽은 자가 어우러지게 합니다. 가사를 보면, 말로 표현할 길이 없는 죽은 자의 심정을 대변하고 있습니다. 가사에 나오는 화자는 이미 죽은 자입니다. 특히, 위에 인용한 상엿소리의 첫 구절을 살펴보자. 저승길이 멀다고 하지만, 삽작 밖이 황천길이

라고 말하고 있지요. 〈삽작〉은 〈대문〉이나 〈문〉을 뜻하는 경상도 사투리입니다. 사람들은 흔히 언제까지 구차한 삶을 살아야 하나 한탄하기도 하고, 때로는 세월이 너무나 빨리 간다고 탓하기도 합니다. 그런데 죽고 보니 죽음이 아주 가까워서 문 안은 이승, 문밖은 저승이라는 것이지요. 우리의 삶과 죽음은 문을 열고 문밖으로 나가는 차이 외에 더 없다는 것입니다. 살고 죽는 것이 문 하나를 두고 나뉘는 셈이지요. 대개 상여는 망자가 많이 가던 길, 살던 곳을 한 번 돌고 가기도 합니다. 상엿소리를 부르면서 망자와 하나가 되어 망자의 심정으로 노래를 부르며 망자의 눈과 귀가 되어 걸어갔을 테지요.

죽음을 이야기하는 것은 실로 두려운 일입니다. 피할 수만 있다면 좋겠지만, 피하는 것은 사실 불가능합니다. 그러니 오히려 피할수록 두려움은 커지기 마련입니다. 대개는 죽음을 금기시하고 화제에 잘 올리지 않습니다. 그러다 보니 언제 닥칠지 모르는 죽음에 대한 지식이 전혀 없기 마련입니다. 어차피 닥칠 경우라면, 미리 알아둘 필요가 있겠습니다. 알지 못하는 곳, 처음 가보는 곳으로 여행을 떠난다면 보통은 미리 그곳에 대한 지식과 정보를 신경 써서 수집하지요. 그런데 정작 우리가 꼭 가야 할 곳에 대해서는 아무런 지식도 없고, 갈 곳에 대해 생각조차 하지 않고 산다면, 그것은 이치에 맞지 않겠습니다. 죽음을 앞두고 있는 사람이나 죽은 사람을 보면 슬퍼하면서도, 정작 자신이 어떻게 될지는 모르는 경우가 대부분이지요. 죽음에 대해 열려 있는 마음이 중요하겠습니다.

죽음을 금기시하는 것은 어리석을 뿐만 아니라 바람직하지도 않습니다. 그러한 태도는 결코 삶을 풍요롭게 해주지 못합니다. 이왕이면 여러 경로를 통해 사후 세계에 대한 정보를 습득하고 머릿속에 담아두어야 할 것입니다.

죽음 이후의 세계에 대한 정보는 흔히 임사 체험을 통해 알 수 있습니다. 즉, 심장 및 뇌파가 정지되어 의학적으로 사망 판정을 받았다가 소생한 사람들의 증언을 통해 사후 세계를 이해할 수 있습니다. 임사 체험의 연구는 1975년 심리학자 레이먼드 무디Raymond Moody가 관련 저서들을 출판하면서 주목을 받게 되었지요. 국제적으로 임사 체험의 최고 전문가로 평가받는 물리학자이자 방사선 종양학과 전문의인 제프리 롱Jeffrey Long 박사는 〈임사 체험 연구 재단〉을 설립했습니다. 롱 박사는 전 세계 최대의 임사 체험 연구 기관을 운영하며, 1,300건 이상의 임사 체험을 연구해서 《죽음 그 후》라는 연구 서적을 내기도 했습니다. 재단은 체험을 추가해 현재 수집된 사례는 2,000건에 달합니다. 롱 박사에 의하면 생명의 위협을 겪은 사람들의 12~18퍼센트가 임사 체험을 합니다. 또한, 임사 체험은 세계 어디서든지 놀라울 만큼 유사성을 보인다고 합니다. 롱 박사에 의하면, 임사 체험자는 삶에 대한 태도를 바꾸게 된다고 합니다. 이때 평균 7년에 걸쳐 큰 변화를 겪는다고 하며, 이들이 보이는 변화의 공통점은 다음과 같습니다.

죽음에 대한 공포가 줄어듭니다. 사후 세계에 대한 믿음이 강화됩니다. 신의 존재를 더 굳게 믿는 경향이 생깁니다. 사랑하는 사람들과의 관계를 더 중요시하고 더 강하게 찾아 나섭니다.

이상과 같이 살펴본 〈죽음〉에 대한 의미에 따르면, 죽음을 인식하고 수용하는 것은 삶의 에너지를 활성화시킨다고 볼 수 있습니다. 그것은 죽음을 생물학적인 관점에서 받아들이는 것을 초월해서 영적으로 수용할 때 일어나게 되는 깨달음 때문입니다. 죽음을 연구하는 학자들이 많아지고, 이를 인정하는 추세를 볼 때, 사후 세계의 존재는 이미 명백한 사실이라고 할 수 있습니다. 믿지 않더라도 없다고 할 수는 없는 이 자명한 사실을 두고 현명해져야 하겠습니다. 회피하고 싶다고 덮어두고만 있을 때 죽음에 대한 두려움은 걷잡을 수 없이 커지게 되고, 그것을 억압하려는 방어기제가 더 크게 작용하기 때문입니다. 바로 이러한 이유로 죽음에 대한 인식 변화가 일어날 수 있도록 상엿소리를 접할 필요가 있겠습니다. 마지막 순간을 떠올리며 준비하면, 신비롭게도 지금, 현재, 이 순간을 충실하게 살아낼 수 있게 됩니다.

우리는 모두 언젠가는 삶의 마지막 순간을 만나게 되지요. 지금이 바로 그 순간이라고 상상해볼까요? 나는 이제 내 삶과 작별하려고 합니다. 삶의 마지막 때는 어느 날 별안간 닥쳐오기 마련입니다. 이제 하늘의 섭리에 의해서 나는 이 세상과 이 몸과 작별하려고 합니다. 마지막 순간에 나는 어떤 마음을 가지고 어떤 말을 남기고 있나요?

아리랑

〈아리랑〉은 아리랑, 또는 그와 유사한 발음의 어휘가 들어 있는 후렴을 규칙적으로, 또는 띄엄띄엄 부르는 한 무리의 노래를 말합니다. 우리나라 문화를 상징하는 것 중에 단연 으뜸이 되는 것이 〈아리랑〉이지요. 우리나라의 대표적 민요인 아리랑은 여러 세대를 거쳐 현재까지 이어져 오고 있습니다. 대중적이고 서민적이며, 입에서 입을 거치며 덧붙여지고 변형되어 왔습니다. 〈아리랑〉의 구성은 〈아리랑, 아리랑, 아라리요〉라는 여음餘音과 지역에 따라 다른 내용으로 발전해온 두 줄의 가사로 되어 있습니다. 지역마다 제각각 특색 있는 주제를 담고 있지만, 지극히 단순한 곡조와 사설 구조를 가지고 있어서 즉흥적인 편곡과 모방이 가능합니다. 곡조를 모르더라도 쉽게 익힐 수 있고, 다른 음악과 자연스럽게 어우러져 연주될 수 있지요. 가장 유명한 아리랑은 강원도의 〈정선 아리랑〉, 호남 지역의 〈진도 아리랑〉, 경상남도 일원의 〈밀양 아리랑〉입니다.

〈아리랑〉은 2010년대에 들어 대전환을 맞이했습니다. 2006년에는 문화관광부 선정 〈한국 100대 상징〉에 들었습니다. 중국이 조선족 〈아리랑〉을 자국 비물질 문화유산으로 지정했고, 국내 무형문화재에서 〈인류적인 무형문화유산〉으로 등재되기도 했습니다. 북한도 〈아리랑〉을 인류 무형유산으로 등재하였습니다. 유형문화재 중심의 기존 〈문화재보호법〉 대신 2016년 〈무형문화재 보호 및 진흥에 관한 법률〉이라는 새로운 법제의 적용을 받게 되면서 무형문화재의 보존 가치는 한층 높아지고 관리는 강화되었습니다. 2015년에는 경북 문경시가 문화도시를 표방해 〈아리랑 도시〉를 선포하기도 했지요. 또한, 〈아리랑〉은 지역과 세대를 초월해 광범위하게 전승되고 재창조되고 있다는 점과 〈아리랑 아리랑 아라리요〉라는 후렴구만 들어가면 누구나 쉽게 만들어 부를 수 있다는 다양성의 가치를 인정받아 2012년 12월 6일, 유네스코 인류무형문화유산에 등재되었습니다.

〈아리랑〉은 한국을 비롯하여 북한과 해외 한민족 사이에서도 널리 애창되는 대표적인 노래이며, 가사가 특별히 정해져 있지 않고 주제 또한 개방되어 있어 누구든지 자유롭게 노래할 수 있는 특징을 갖고 있습니다. 〈아리랑〉이라는 제목으로 전승되는 민요는 약 60여 종이며, 3,600여 곡에 이르는 것으로 추정됩니다.

인간의 창의성, 표현의 자유, 공감에 대한 존중이야말로 〈아리랑〉이 지닌 가장 훌륭한 덕목 중 하나라고 볼 수 있겠습니다. 누구라도 새로운 사설을 지어낼 수 있으며, 다양하게 활용될 수 있어서 〈아리랑〉의 지역적·역사적·장르적 변주는 계속되고 있지요. 다양한 예술 장르와 매체에서 주제나 모티프로 활용되는 등 문화적 다양성은 더욱 풍성해지고 있습니다.

〈아리랑〉 속에서 우리는 우리 민족문화의 정신을 발견할 수 있습니다. 모든 종류의 〈아리랑〉에 통용되는 후렴구를 다시 한 번 들여다봅시다.

아리랑 아리랑 아라리요 / 아리랑 고개로 넘어간다

아리랑 고개를 넘어가는 일은 바로 굽이굽이 인생길을 걸어가는 것을 상징합니다. 고작 한두 개 고개를 넘는 것이 아니라 넘어가고 또 넘어가는 것, 그것이 삶입니다. 〈고개〉는 단순히 〈고난〉을 의미하지 않습니다. 원래 고개는 산이나 언덕을 넘어 다니도록 길이 나 있는 비탈진 곳을 말합니다. 혹은 일의 중요한 고비나 절정을 비유적으로 이르는 말이기도 하지요. 고개를 넘어간 것은 중요한 일을 해결하고 헤쳐간 것을 말합니다. 삶 속에서 고비를 넘기고 나면 성장하게 됩니다. 고개를 넘어가기 전과 넘어가고 나서의 마음가짐은 사뭇 다르기 마련입니다. 고개를 넘어갈 때마다 우리는 영혼의 성장과 성숙을 얻게 됩니다. 삶은 〈아리랑〉의 숱한 후렴구처럼 무수한 고개를 넘어가는 것입니다. 그렇게 고개를 넘어감으로 인해 얻을 수 있는 것은 〈깨달음〉입니다. 생각하고 궁리하다 알게 되는 상태인 깨달음은 숙성의 과정을 필요로 합니다. 단 한 번의 고개만 넘어가서 되는 게 아니라 여러 번, 여러 형태의 고개를 넘어가면서 서서히 얻게 되는 것이지요. 깨달아서 알게 되는 일이란 결코 쉽지 않습니다. 스스로 체화되어 마음과 정신 깊숙이 들어앉게 되어야 깨달음이 불꽃처럼 강렬하게 인식될 수 있습니다. 아리랑 고개를 넘는 것은 삶의 길을 정진하는 것입니다. 고된 인생의 길을 포기하지 않고 직면해서 넘어갈 때, 거기에서 느껴지는 것들이 하나둘 쌓여갈 때, 어느 순간 찾아오는 축복 같은 느낌이 바로 깨달음입니다.

깨달음은 인간 고유의 특성입니다. 인식하고 판단하며 뜻을 세우고 깨닫고 깨우치는 일련의 과정은 바로 삶을 살아나가는 방식이며, 이것은 인성을 형성해가는 밑바탕이 됩니다. 진정한 깨달음은 인간이라는 제한된 상황에 머무르게 하지 않습니다. 그것은 바로 우주의 에너지와 연결됩니다. 인간은 저마다 각기 다른 환경에서 〈영혼의 성장〉이라는 공통의 목적을 가지고 이 땅에 태어났습니다. 영혼의 성장을 위한 핵심 요소는 바로 〈사랑〉입니다.

독일의 극작가 뷔흐너는 "인간은 사랑하기 위해 존재한다. 인간이 사랑하지 않으면 이미 살아 있다고 말할 수 없다"라고 하였습니다. 사랑은 사랑하고 싶은 대상만을 향한 일시적이고 감정적인 것이 아닙니다. 사랑할 수 없는 것을 사랑할 때 엄청난 치유의 힘이 솟아날 것입니다. 그것은 〈용서의 힘〉과도 연결됩니다. 구구절절한 사연으로 뒤범벅된 파란 많은 자신의 삶도, 고난과 역경을 헤쳐온 자기 자신도, 지극히 어려운 삶을 살아나가고 있는 무수히 많은 이들의 삶도, 심지어는 상처와 아픔을 준 타인의 삶도 사랑하는 것입니다. 사랑을 제대로 발휘하게 되면, 획기적인 영혼의 성장이 이뤄집니다. 인간의 삶은 사랑의 힘에 뿌리를 내리고 있기 때문입니다.

내 삶의 〈아리랑 고개〉를 떠올려볼까요? 그동안 나는 몇 고개를 넘어왔을까요? 지금은 어느 고개를 넘어가고 있을까요? 고개의 어디쯤까지 왔을까요? 힘들면 쉬어가면서도 그만두지 않고 넘어가고 있는 나에게 메시지를 들려주시기 바랍니다. 살아오느라 애썼다고. 수고 많았다고. 내가 나한테 아낌없이 큰 박수를 보내주시기 바랍니다.

까치밥

    까치밥은 까치 따위의 날짐승이 먹도록 따지 않고 몇 개 남겨두는 감을 말합니다. 까치밥은 문헌 등에 기록되어 공식적으로 전해지는 풍습이라기보다는 생활 문화라고 볼 수 있겠습니다. 감나무에 매달린 감을 딸 때는 주로 대나무로 만든 장대를 이용하지요. 감나무 가지는 약해서 잘 부러지기 때문입니다. 감을 딸 때쯤 되면 나뭇가지도 말라 있어서 제법 큰 가지라도 부러지기 일쑤이지요. 아주 높이 달린 감이나 우듬지 쪽에 달린 감은 장대가 닿지 않을 때도 많고 따기가 어렵습니다. 그것을 다 따려 하다가는 용을 쓰게 되고, 마음이 조급해지고 화가 치밀기 마련이지요. 그래서 자연스럽게 몇 개 감을 남겨두고 날짐승들이 와서 먹도록 배려하는 마음을 가지게 되었다고 볼 수 있을 것입니다.

일본에도 키마모리(きまもり)라는 풍습이 있습니다. 감이나 귤 따위의 열매를 한두 개 정도 남겨두는 것을 말한다. 하지만 키마모리는 나무를 지키는 존재에게 제물을 바치는 일종의 의식에 가까우며, 이듬해에도 열매가 많이 열리기를 바라는 뜻에서 행하는 것입니다. 결과적으로 날짐승이 먹게 된다고 하더라도 인간의 소망이나 욕심이 들어 있는 행위인 셈이지요.

이에 비해 우리나라는 그런 욕심을 내세우지 않습니다. 겨울에 추워서 먹을 것도 없는 〈까치〉가 먹고 살아가도록 배려하는 마음을 낸 것입니다. 이는 〈상생〉과 〈공생〉의 개념으로 이해할 수 있습니다. 인간만이 사는 것이 아니라 이 지구상에는 인간 외의 많은 존재들이 함께 살아가고 있으니 서로 돕고 살아야 한다는 생각의 실천이라고 볼 수 있습니다. 더 나아가 장자(莊子)의 〈만물제동(萬物齊同)〉 사상과 같은 맥락을 지니고 있습니다. 만물제동이란 만물은 도(道)의 관점에서 본다면 등가(等價)라는 사상입니다. 장자는 도(道)에 이르는 것이 덕(德)이라고 여겼습니다. 사람은 습관적으로 시비선악(是非善惡) 같은 것에 분별지식을 쓰려 하지만, 그 판단의 정당성은 결국 알 수 없는 것이라고 했습니다. 한쪽이 소멸하면 다른 한쪽도 존립하지 않게 되지요. 즉, 시비선악은 존립의 근거가 똑같이 동질적이며, 그것을 하나로 이루는 절대적인 것이 도(道)라는 것입니다. 인간이나 짐승이나 먹어야 사는 것은 매한가지입니다. 감나무의 감을 함께 나눠 먹자는 의미에서 보자면, 인간이나 짐승은 친구이고 동지입니다. 생명이 있는 존재는 먹이가 필요하니, 인간이 좀 덜 먹고 나눠 먹으려고 하는 것입니다. 그것이 바로 욕심을 버리고 인정을 담은 채 살아가는 아름다운 인성의 표현이지요.

〈내 삶의 까치밥〉을 상상해볼까요? 물질이 아니라 마음으로 나눌 수 있는 것을 떠올려봅시다. 어떤 마음을 나눠줄 수 있을까요? 특정한 누군가를 떠올려도 좋지만, 전체 집단, 사회, 세상을 대상으로 해도 좋습니다. 사람과 혹은 세상과 나눌 수 있는 〈내 삶의 까치밥〉을 떠올려봅시다. 결국, 우리는 혼자서만 잘 살기 위해서가 아니라 잘 나누기 위해서 살아가고 있습니다. 아름답고 좋은 것을 나눌 때 세상은 빛날 것입니다.

자장가

    자장가는 아이를 잠재울 때 부르는 노래입니다. 입에서 입으로 전해 내려왔으므로 전승 동요의 성격을 가지고 있습니다. 아이의 어머니나 업저지(어린아이를 돌보는 여자아이)나 양육자 등의 어른들이 주로 부르며 기본 율격은 4·4조이지요. 아기를 재우기 위해 단조롭고 반복적인 운율을 사용하여 잠이 오게 하는 특징이 있습니다. 아이에게 교훈이나 좋은 말을 들려주는 사설조이며, 아이가 아니라 어른이 부른다는 점에서 민요로 분류되기도 하지요. 아이를 등에 업거나 품에 안아 흔들면서 부르기도 했습니다. 〈심청가〉나 〈옹고집타령〉에도 자장가가 등장하는 것으로 볼 때 예로부터 전국적으로 널리 불렸음을 알 수 있습니다.

지역마다 다 다르게 불렸으나 대개는 아기가 훌륭하게 자라나서 나라에 충신이 되고, 부모에게는 효자가 되며 형제간에 우애가 있고 일가친척과 화목하고 덕이 있고 신망이 두터운 사람이 되라는 간절한 소망과 기대가 담겨 있습니다. 이러한 유교적인 관념에 의거한 성장 지향적인 자장가가 있습니다. 반면, 울기만 하는 앞집의 아기와 대비하면서 잘 자는 아기를 칭찬하고, 다른 무엇보다 건강하게만 자라기를 바라는 소박한 마음을 표현한 노래도 있습니다. 대개 아기를 재우는 일은 양육하는 자가 도맡아서 혼자 하는 일이므로 〈자장가〉는 독창으로 불렸지요. 경기도 파주에서 내려오는 자장가는 다음과 같습니다.

자장자장 자는고나 / 우리애기 잘도잔다 // 은자동이 금자동이 / 수명장수 부귀동이 // 은을주면 너를살까 / 금을주면 너를살까 // 나라에는 충신동이 / 부모에게 효자동이 // 형제간에 우애동이 / 일가친척 화목동이 // 동네방네 유신동이 / 태산같이 굳세거라 // 하해같이 깊고깊어 / 유명천하 하여보자 // 잘도잔다 잘도잔다 / 두둥두둥 두둥두둥 // 우리아기 잘도잔다

다음은 경상북도 봉화의 자장가입니다.

둥실둥실 모개야 아무락구 굵아다오 / 둥굴둥굴 모개야 개똥

밭에 궁글어도
/아무락구 굵아다고

한편, 길림성이나 흑룡강성, 요령성에서 주로 불렀던 자장가의 선율은 우리나라 민요에 가장 많이 나타나는 〈솔-라-도-레-미〉와 〈미-라-시-도-레〉의 두 종류의 운율을 가지고 있습니다. 대체로 기존의 전통 선율에 가사만 다르게 얹어 불렀습니다. 여러 채록 자료 중에서 특히 항일정신을 노래한 자장가는 김형직이 지은 다음의 자장가가 있습니다.

1. 아가야 자장자장 어서 자거라 아가야 자장자장 잘두 자누나
친척에는 화목동 부모님껜 효자동 사랑있다 장중보옥 능할하
자장
2. 아가야 자장자장 얼른 소학교 아가야 자장자장 벌써 중학교
박사둥이 되여라 영웅둥이 되어라 우리나라 광복 사업 능할하
자장

지역마다 특색이 있으나 가장 많이 들어왔고, 지금까지 부르고 있던 자장가는 다음과 같은 소박하고 단순한 가사입니다.

자장자장 우리애기 / 자장자장 우리애기 / 꼬꼬닭아 우지마라 /
우리애기 잠을깰라 / 멍멍개야 짖지마라 / 우리애기 잠을깰라

이 노래는 단순한 선율로 반복될 때 가물가물 잠이 오는 경험을 하게 됩니다. 가사를 보면, 아기의 잠을 위해서 닭도 개도 울거나 짖지 말라고 합니다. 이렇게 주문처럼 잠을 부르다 보면, 세상 만물도 함께 잠이 들 것만 같습니다. 아기를 중심으로 번잡하고 소란스러운 세상도 조용해지고, 잠잘 수 있도록 아기에게 만물의 기운이 초점을 맞추는 듯합니다. 이렇게 노래를 부르는 동안 아이도 어른도 함께 졸리게 되어 같이 잠이 들기도 했을 테지요. 세상은 사람을 포근하게 감싸주고 안아주는 듯합니다. 노래 안에서 세상 자체가 안전하고 편안한 큰 요람이 됩니다.

이제, 자장가를 나한테 불러봅시다. 자장가를 불러주며 토닥토닥 해주고 싶은 과거의 나를 떠올려봅시다. 몇 살 때의 나일까요? 어떤 일이 있었나요? 그때 내가 가진 감정은 어땠나요? 구체적으로 떠올려보시기 바랍니다. 아주 맑은 물, 적당한 온도의 물에 과거의 나를 목욕 시켜줍시다. 목욕이 끝나면 보송보송한 수건으로 나를 잘 닦아주세요. 새 옷으로 갈아입혀주고 깨끗하고 안락한 이부자리 위에서 쉬게 해주세요. 바로 곁에서 천천히 토닥거려주면서 자장가를 불러주시기 바랍니다. 과거의 내가 잠드는 모습을 지켜보면서 안아주세요. 내가 나한테 불러주는 포근한 자장가의 느낌을 간직해봅시다.

따오기

한정동 작사와 윤극영 작곡으로 만들어진 〈따오기〉 노래의
가사는 다음과 같습니다.

　1. 보일 듯이 보일 듯이 보이지 않는
　따옥 따옥 따옥 소리 처량한 소리
　떠나가면 가는 곳이 어디메이뇨
　내 어머니 가신 나라 해 돋는 나라

　2. 잡힐 듯이 잡힐 듯이 잡히지 않는
　따옥 따옥 따옥 소리 처량한 소리
　떠나가면 가는 곳이 어디메이뇨

내 아버지 가신 나라 달 돋는 나라

이 노래는 일제강점기 때 만들어졌습니다. 멸종 위기에 처한 따오기처럼 서글픈 우리나라의 현실을 노래하면서 〈해〉와 〈달〉을 통해 극복의 기운을 염원하는 노래라고 할 수 있습니다. 여기에서는 그런 시대적인 상황을 잠시 접어두고 우리의 문화에 면면히 흐르는 〈포용〉에 초점을 맞춰 가사의 의미를 들여다보고자 합니다.

〈보일 듯이 보일 듯이 보이지 않는〉의 상태는 참 아리송합니다. 보인다는 것인지 안 보인다는 것인지 명확하지 않습니다. 어느 쪽으로 단정 지을 수 없어서 애매하게 느껴지지만, 분명하게 말할 수 있는 것은 〈존재〉하고 있다는 것입니다. 안개 속에 휩싸인 듯하나 풍광 자체가 없는 것은 아닙니다. 온통 희뿌옇게 보이지만 실체가 사라진 것도 아닙니다. 오히려 그렇게 시야가 불분명한 탓에 내면의 시각이 활성화되고 마음으로 바라보는 행위가 극대화될 수 있지요. 가려진다는 것은 표면 이면의 심층을 들여다보는 것을 의미합니다. 깊은 내면으로 들어가기 위해서는 가려야 하지요. 눈과 입을 가리는 것은 외부에 빼앗긴 에너지를 내면으로 가져오게 하는 일련의 과정입니다. 온전하게 가려질 때 내면이 열리게 됩니다. 마음 안으로 들어가야지만 광대무변한 무의식의 세계 속에서 힘의 원천을 찾아내는 일이 가능해집니다. 은밀하게 가림으로써 드러내는 지극히 모순적인 상황은 회화와 소묘에서 쓰이는 〈스푸마토^{sfumato}〉 기법을 연상하게 합니다.

스푸마토는 회화나 소묘에서 매우 섬세하고 부드러운 색조 변화를 표현하는 데 쓰는 음영법을 가리키는 용어입니다. 이탈리아어로 〈색조를 누그러뜨리다〉, 〈연기처럼 사라지다〉라는 뜻의 〈sfumare〉에서 유래되었습니다. 이탈리아의 예술가 레오나르도 다빈치$^{Leonardo\ da\ Vinci}$와 그 추종자들이 자주 사용했다고 알려져 있습니다. 그들은 밝은 면에서 어두운 면까지의 모든 부분을 선이나 경계선을 쓰지 않고 명암을 섬세하게 변화시켜서 표현했지요. 이 기법은 특히 얼굴과 대기효과를 고도로 사실적으로 처리하기 위해 사용되었습니다. 잘 알려진 그림 〈모나리자〉의 그림 속 알 듯 모를 듯한 신비한 미소는 바로 스푸마토 기법에 의한 것이지요. 스푸마토의 특징은 경계선을 명확하게 구분하지 않는 데 있습니다. 명확한 선을 유보함으로써 오히려 생동감을 일궈내는 것이지요. 스푸마토의 두드러진 효과는 바로 〈부드러움〉에 있습니다.

안개가 잔뜩 낀 길에 있다고 생각해보세요. 평소에 분명하게 보이던 시야가 흐려져 있습니다. 만물들이 하얀 천으로 덮여있는 것만 같습니다. 명확한 사물들의 경계가 흐릿해지고, 윤곽은 불분명합니다. 그 길 위에 서서 길 저편을 바라보면, 〈애매〉하기 그지없습니다. 평소 자주 다니던 길이라고 하더라도 방향감각을 잃을 정도입니다. 그 길을 걷는다고 생각해봅시다. 한 걸음 한 걸음 조심스럽게 떼면서 앞으로 나아가는 길에서 갑자기 명징해지는 것이 있습니다. 바로 사물의 낯설음입니다. 뻔한 장소와 뻔한 사물들이 새로움으로 다가옵니다. 자주 다녀서 눈에 익은 사물들을 낯선 장소, 새로운 세계에 옮겨놓은 것만 같지요. 부드러움이 가져오는 놀라운 변신입니다. 안개는 낯익음을 낯설게 하는 극명한 효과를 냅니다. 분명하던 것이 애매해지는 단계에 이르러 길은 새로워집니다. 안개 낀 길을 걸을 때는 외부만 향하던 눈이 조금 다른 역할을 담당하게 되지요. 잔뜩 흐린 길만 뚫어지게 본다고 해서 안개 낀 길을 잘 걸어가는 것이 아닙니다. 보면 볼수록 시야의 한계만 느낄 뿐이니까요. 평소 성큼성큼 걷는 습관마저 이럴 때는 바뀌게 됩니다. 조심스럽게 발을 떼면서 눈은 자신의 발걸음과 모호한 길을 동시에 바라보게 되지요. 그저 옮겨 다니는 수단에 불과했던 발걸음이 생생해집니다. 그것이 바로 낯익음을 낯설게 하는 순간 일어나는 의식의 확대입니다. 분명한 경계선을 지닌 사물들을 덮어씌움으로써 오히려 드러나게 되는 역설이 작용하게 되는 셈입니다. 경계를 흐트리는 것, 부드럽게 흘려놓는 것은 어떤 생생함을 도출시킬까요? 그것은 바로 내면의 인식입니다. 외부로만 향하던 시선을 내면으로 돌리는 작업, 내면의 새로운 상을 맺게 하는 것이 〈애매함의 극적인 효과〉입니다. 스푸마토의 언어적 작업 역시 마찬가지입니다. 분명한 답변, 예를 들어 긍정과 부정을 얻어내는 답변은 그 경우와 상황에 따라 필요할 수 있겠습니다. 직접적이고 구체적인 답변이 필요한 상황도 분명히 있지요. 표층 구조로 이뤄진 소통이 때로는 효율적인 대화의 방법일 수도 있겠습니다. 자각과 비평과 자극을 위한 방편으로 이런 언어를 효과적으로 사용할 수 있을 것입니다. 그렇지만, 은유적 언어는 그렇지가 않습니다. 외부로 향한 눈을 내면 깊숙한 곳으로 끌어들이기 위해서는 분명한 시야를 흩트려놓을 장치가 필요하니까요. 그러한 장치는 내면의 시선을 집중해서 포착하는 효과가 있습니다.

다시 노래 가사로 돌아가 봅시다. 〈보일 듯이 보일 듯이 보이지 않는〉과 〈잡힐 듯이 잡힐 듯이 잡히지 않는〉의 상징적 감각은 부드러움, 따뜻함, 은은함입니다. 의식의 차원에서 이루어지는 광대함과 차원의 한계를 열어젖혀 다른 차원으로 갈 수 있는 열린 가능성을 담고 있습니다. 이러한 특징을 한 단어로 〈포용〉이라고 말할 수 있을 것입니다. 어우러질 때 더 큰 힘이 일어나고, 통합은 새로운 창출의 효력을 지니게 됩니다. 사람과 사람끼리의 포용도 그렇지만, 나 자신의 과거와 현재, 혹은 현재와 미래의 포용 또한 그러하지요.

〈따오기〉노래에 흐르는 〈포용〉의 기운을 느껴봅시다. 내가 나를 안아주면서 느낄 수 있습니다. 이렇게 따라 나를 안아주면 됩니다. 팔을 엇갈리게 해서 가슴께에 그대로 모은 다음 나를 토닥이면서 이렇게 말해볼까요? "괜찮아. 잘했어. 잘할 거야." 있는 그대로의 나를 내가 안아줄 때 〈포용〉의 느낌이 들 수 있습니다. 좀 실수해도, 모자라도, 잘못해도 괜찮습니다. 이렇게 살아온 것만 해도 잘한 것이니까요. 앞으로도 분명 잘해볼 겁니다.

불국사

    사적 제502호 불국사_{佛國寺}는 신라 경덕왕 10년(751)에서 혜공왕 10년(774년)에 걸쳐 지은 사찰이며, 1969년에서 1973년 사이 복원하여 현재에 이르렀습니다. 통일신라 김대성의 발원으로 창건하였는데, 《삼국유사》에는 "김대성이 현세의 부모를 위해서 이 절을 창건하였다"고 기록되어 있지요. 하지만 김대성이 생애를 마칠 때까지 완공하지 못했고 그의 사후에 나라에서 완공하였습니다. 준공 당시 이 절은 대웅전을 중심으로 한 일곽 등 다섯 개의 지역으로 구분되어 있었습니다. 대웅전, 극락전, 비로전, 관음전, 지장전 등을 중심으로 한 구역이지요. 이 밖에도 위치를 알 수 없는 건물이 마흔다섯 채나 있습니다 불국사를 발원한 김대성에 얽힌 다음과 같은 설화가 있습니다.
「석탈해설화」(재생담), 「금와탄생담과 거등왕탄생담」(기자담), 「죽지
랑탄생담」(영혼전이담) 등에 나오는 화소들을 바탕으로 형성된 설화
입니다.

경주의 모량리에 가난한 경조慶祖에게는 한 아들이 있었습니다.
머리가 크고 이마가 넓은 것이 성과 같아서 〈대성大城〉이라고 불렀
습니다. 대성은 복안의 집에서 품팔이를 해서 그 집에서 밭을 빌려
농사를 짓고 살았지요. 어느 날 홍륜사 스님 〈점개〉가 와서 "누구
든지 보시를 정성껏 하면, 천신이 항상 보호하고, 하나를 보시하면
그 만 배의 이익을 얻고 안락장수하게 되리라."고 했습니다. 이에
복안은 베 50필을 선뜻 시주하고, 대성은 그의 어머니한테 달려가
이런 말을 했습니다. "제가 문에서 스님이 축원하는 염불 소리를
들으니 하나를 보시하면 만 배를 얻는다고 합니다. 우리는 전생에
닦은 선이 없어 이렇게 가난하게 사니 지금 보시하지 않으면 다음
생에 더욱 가난하게 고통을 받을 것입니다. 우리가 품팔이를 해서
얻은 밭 몇 이랑을 법회에 시주하여 뒷날의 과보를 얻는 것이 좋겠
습니다."그러자 어머니가 흔쾌히 승낙을 해서 보시를 하게 되었습
니다.

얼마 뒤 대성이 갑자기 죽음을 맞이하게 됩니다. 그날 밤 재상
김문량은 하늘에서 말하는 소리를 듣습니다. "모량리 대성이라는
아이가 이제 네 집에서 다시 태어나리라." 그 말을 듣고 놀란 김문
량이 수소문한 끝에 대성이라는 아이가 죽었다는 기별을 듣게 됩

니다. 하늘의 전언을 들은 그날 김문량의 아내가 잉태하고, 그 뒤 아들을 낳습니다. 손에 대성$_{大城}$이라고 쓰인 금간자$_{金簡子}$를 쥐고 있었지요. 이에 김문량은 아이가 대성의 환생이라고 확신했습니다. 그래서 아이 이름을 〈대성〉이라고 짓고 그의 어머니까지 모시고 와서 봉양했습니다.

어느 날 대성은 토함산에서 곰 한 마리를 잡은 뒤 산 아랫마을에서 묵었습니다. 그날 밤 꿈에 곰이 나타났습니다. 곰은 "네가 어째서 나를 죽였느냐? 내가 환생해서 너를 잡아먹으리라."고 했습니다. 대성은 자신의 잘못에 대해 곰에게 용서를 빌었습니다. 그러자 곰은 "네가 나를 위하여 절을 짓고 기원하여줄 수 있겠는가?"라고 했고, 이에 대성은 그렇게 하겠다고 약속했지요. 잠에서 깬 대성의 땀이 온몸과 이불을 흠뻑 적실 지경이었습니다. 대성은 이때부터 사냥을 하지 않고, 곰을 잡은 곳에 장수사$_{長壽寺}$를 지었습니다. 그 뒤 발원하는 바가 더욱 돈독해져서 현생의 부모를 위해 불국사를, 전생의 부모를 위해서는 석불사$_{石佛寺}$를 지어서 신림, 표훈 등 의상의 제자들로 하여금 머물게 했습니다. 석불을 새길 때 돌을 깎아서 감실 뚜껑을 만들려고 했는데, 홀연 돌이 세 조각으로 쪼개졌습니다. 대성이 분한 마음을 어쩌지 못하다 졸고 있는 사이 천신$_{天神}$이 내려와 이를 완성하고 돌아갔습니다. 잠이 깬 대성은 급히 남쪽 고개로 달려가 향을 태워 천신에게 바쳤습니다. 또한, 불국사에서 전해지는 기록에 따르면 751년(경덕왕 10)에 대상$_{大相}$ 대성이 처음으로 불국사를 세웠는데, 774년(혜공왕 10) 섣달 초이튿날 대성이 죽자

나라에서 완성시켰다고 합니다.

　김대성의 설화에서 보면 현세에서 당한 가난과 고난을 극복하고 좋은 업을 많이 쌓아서 다음 생에 이를 갚고자 하는 기원의 마음이 담겨 있습니다. 김대성 설화를 보면 세 가지 측면에서 용서를 발견할 수 있습니다.

　첫째, 현세의 삶에 대한 용서입니다. 이 용서는 또한 가난에 대한 힘든 처지를 그대로 수용하면서 주어진 삶에 대한 용서로 이어집니다. 스님의 말을 듣고 대성이 어머니한테 보시하기를 청해 결국 보시를 하게 되지요. 삶 자체에 대한 원한이 가득하다면, 이러한 보시의 마음을 내기 힘듭니다. 가난하지만, 앞날을 향한 염원을 가지고 보시할 수 있는 마음을 내는 것은 현재의 가난한 삶에 대한 용서입니다. 이 용서는 주체는 대성과 대성의 어머니이고, 용서의 대상은 딱히 무엇이라 지목할 수 없지만 굳이 말하자면 운명이나 주어진 상황이 될 것입니다.

　둘째, 어긋난 기대에 대한 용서입니다. 보시한 뒤 곧바로 복을 기다리지는 않았겠지만, 적어도 살아갈 힘은 받아야 할 것입니다만, 어이없게도 대성은 보시하고 나서 얼마 되지 않아 그만 죽고 맙니다. 세속적인 관점에서 보자면, 허망하기 이를 데 없습니다. 어머니는 아들이 죽었으니 얼마나 원통하겠습니까. 하지만 상황은 새로운 국면을 맞이하게 됩니다. 재상 김문량이 예지몽을 꾸게 되고, 사람을 시켜 알아보니, 김대성이 죽고 다시 환생하게 된다는 꿈이 맞는다는 것을 알게 됩니다. 이로 인해 김대성의 모친은 김문량의 집으로 가서 극진한 대접을 받으며 살게 되지요. 한쪽 문이 닫히고 다른 쪽 문이 열리는 것입니다. 그것은 아들의 죽음과 가혹한 운명에 대해 불평하거나 원망하지 않았으므로 찾아온 축복입니다. 잘 살고 싶은 소망이 당장에는 어긋났지만, 부정적인 감정에 매몰되지 않음으로 인해서 복이 들어오게 된 것이지요.

셋째, 어느 정도 자란 대성이 곰을 죽이고 곰한테 용서를 받은 일입니다. 곰 사냥을 한 날, 꿈에서 자신을 왜 죽였냐고 따지며 호통치는 분노한 곰을 만나게 됩니다. 대성은 용서를 빌고, 곰은 자신을 위해 절을 지어 기원하라는 말을 남기고 사라집니다. 자신을 죽인 존재를 용서하는 것은 어려운 일입니다. 곰은 〈용서〉의 진정한 힘을 낸 것이지요. 곰과의 약속을 지키기 위해 대성은 갖은 노력을 기울이고, 그 후로는 사냥을 하지 않았다는 점에서 대성은 용서를 삶 속에서 온전히 실천했습니다.

김대성의 설화에서 볼 수 있는 〈용서〉의 힘은 〈불국사〉로 완성됩니다. 잘못을 저질렀지만, 곰은 결국 품어주고 감싸주었지요. 김대성을 이해해주고 격려해주면서 같은 잘못을 되풀이하지 않기를 바라는 마음을 내는 〈용서〉는 이처럼 마음의 보물과 같습니다. 이것이야말로 극락을 만들 수 있는 핵심 요소일 테지요. 곰의 용서와 당부가 지상에서 극락을 그리워하고 포용적인 마음을 담은 불국사를 만들게 했습니다.

불국사의 〈김대성 설화〉에 나오는 〈곰의 용서〉처럼, 내 인생에서 누군가를 용서한 적이 있었는지 생각해봅시다. 죽을 뻔 했거나 마음으로 죽은 것 같이 처참한 상황조차도 용서해본 적이 있었나요? 만약 그렇게 하지 못했다면, 지금이라도 용서의 마음을 일부러라도 내어봅시다. 사람이든 상황이든 떠오른 대로 그것을 무조건 〈용서〉하겠다고 선택하고 실천해봅시다. 결단코 그렇게 할 수 없더라도 일부러 소리를 내어 〈당신을 용서합니다!〉라고 말해봅시다. 갇힌 마음이 놓이게 되고 자유를 찾게 되는 놀라운 경험을 하게될테니까요.

처용

《삼국유사》는 고려 충렬왕 때의 보각국사 일연_然이 신라·고구려·백제 삼국의 유사를 모아서 지은 역사서입니다. 문헌 속에서 우리는 처용處容을 만날 수 있습니다. 처용은 신라 시대의 설화에 나오는 기인으로 알려져 있지요.《삼국유사》권2「처용랑 망해사」에 실려 전해지는 내용은 다음과 같습니다.

나라가 태평을 누리자 왕이 879년(헌강왕 5)에 개운포(開雲浦, 지금의 울산) 바닷가로 놀이를 나갔는데, 돌아오는 길에 구름과 안개가 자욱하게 덮이면서 갑자기 천지가 어두워졌다. 갑작스러운 변괴에 왕이 놀라 좌중에 물어보니, 천문 관측과 점성을 담당하던 일관日官이 말하기를 이 것은 동해 용의 짓이므로 좋은 일을 행하여 풀어야 한다고 하였다. 왕이 용을 위하여 절을 짓도록 명하니 바로 어두운 구름은 걷히고(이로부터 이곳을 개운포라 하였다), 동해 용이 일곱 아들을 데리고 나와 춤을 추었으며 그중 하나가 왕을 따라오니, 그가 처용이었다. 왕을 따라온 처용은 달밤이면 거리에 나와 가무를 하였다. 왕은 그를 미녀와 짝지어주고 급간 벼슬을 주었다. 이 아름다운 처용의 아내를 역신이 사랑하여 범하려 하므로 처용이 노래를 지어 부르며 춤을 추었더니 역신이 모습을 나타내어 무릎 꿇고 빌었다. 그 뒤부터 백성들은 처용의 형상을 그려 문간에 붙여 귀신을 물리치고 경사가 나게 하였다. 그리고 헌강왕이 세운 절 이름을 망해사望海寺, 혹은 신방사新房寺라고 하였다. 이때 처용이 춘 춤이 악부에 처용무處容舞라 전해지고 이 춤은 조선시대에 이르러 궁중 무용인 정재(呈才)와 세말에 궁중에서 악귀를 쫓는 연극 행사인 구나의驅儺儀 뒤에 추는 향악의 춤으로 발전하였으며, 이를 처용희處容戲라고도 한다.

아름다운 여인과 결혼한 처용이 어느 날, 늦은 밤에 귀가해서 보니 희한한 일이 벌어져 있습니다. 댓돌 위에 두 짝의 신발이 놓여 있었던 거지요. 한 켤레는 아내의 것이고 다른 한 켤레는 낯선

이의 것인데 남자의 것이 틀림없습니다. 굳게 닫힌 방문 밖에서 처용은 잠시 머리가 하얘졌습니다. 다음 순간, 온몸의 피가 거꾸로 솟구치는 느낌이 들면서 분노가 치밀어 올랐습니다. 문을 벌컥 열자 눈 앞에 펼쳐진 광경은 짐작한 대로였지요. 네 다리가 얽히고 설켜 있습니다. 더 이상 무슨 말을 할 수 있을까요. 인간의 말은 어떤 상황에서는 속수무책입니다. 그는 조용히 방문을 닫았습니다. 그러고는 방을 등지고 가만히 서 있었지요. 그 순간, 행동으로 나오지 않는 숱한 생각들이 무수한 가시가 되어 처용 자신을 찌르고 있었을 것입니다. 아내도 건사하지 못하는 못난이, 그렇다고 덤벼들어 싸우지도 못하는 멍청이, 애정을 담은 눈빛으로 서로 평생을 언약하던 아내는 어디로 갔을까요. 처용은 돌멩이 하나까지 자신을 손가락질하고 있다는 것을 느끼며 괴로워합니다. 심지어 평소에 그렇게도 바라보기를 즐기던 밝고 환한 달조차 조롱 섞인 웃음을 보내고 있습니다. 모든 것이 순식간에 바닥으로 가라앉고 말았습니다. 더 이상 내려갈 수도 없는 바닥으로 치닫는 것을 무연히 지켜보던 처용은 그다음 순간, 자신의 것이 아닌 어떤 다른 존재를 느낍니다. 아니, 자신 안에 숨겨져 있던 또 다른 자신, 자신의 한계에 갇히지 않는 초월적인 자기가 서서히 발산되는 것을 느낍니다.

자아를 둘러싼 생각, 당위적인 합리성, 가치판단, 도덕이 작용하는 이성을 홀연히 놓아버렸을 때, 분노는 봇물처럼 터져 나와 흘러갔습니다. 놀랍게도 더할 나위 없이 청명하고 신선한 기운이 자신을 휘감고 있는 것을 느꼈습니다. 보다 큰 내가 나와 연결되는 순간이었지요. 설명할 수 없는 평강이 찰랑거리며 물결치듯 처용한테 찾아왔습니다. 그것은 실로 놀라운 체험이었지요. 살아남으려는 모든 그악한 몸짓들을 놓아버렸을 때, 애쓰지 않고 텅 비웠을 때 비로소 채워지는 신비한 감정들이었습니다. 기쁨, 환희, 감사 그리고 사랑이 가슴에 들이차고 있었습니다.

사실 이러한 것들은 도무지 말이 되지 않는, 터무니없을 정도의 감정들이었지요. 설명할 수 없는 절대적인 분위기 속으로 처용은 빨려 들어가 춤을 추었습니다. 몸짓 하나하나에 너울거리며 휘날리는 소매가 달빛과 별빛을 스르르 휘감아 와서 처용의 가슴에 안기고 있었지요. 세상은 처용과 함께 춤을 추고 있었고, 만물은 함께 찬가를 부르고 있었습니다. 살아 있는 모든 존재에 대한 존경과 감사의 노래였지요. 발끝에 닿는 돌멩이조차 빛나고 있었습니다. 그때였습니다. 급하게 방문이 열리더니 누군가가 후다닥 뛰쳐나가는 소리가 들려왔지요. 그 소리조차 감사했습니다. 감사하지 못할 존재는 세상 그 어디에도 없었으니까요. 얼마나 그렇게 춤을 추었을까요. 찬란한 연주가 잔잔한 여운을 남기며 끝나듯이 처용이 마지막 몸짓을 하고 나서 천천히 뒤를 돌았을 때, 그곳에는 그가 여태 알던 모습 그대로의 아내가 사랑스러운 눈빛으로 앉아 있었습니다.

이때 처용이 추던 춤은 처용무로, 부르던 노래는 처용가로 우리 문화 속에서 전승되어 왔습니다. 아내를 범하던 존재는 질병을 일으키던 역신이었지요. 역신은 그 이후 처용을 너무나 두려워해서 처용의 얼굴을 그려서 대문 앞에 붙여놓으면 아예 얼씬도 하지 않았다고 합니다. 객관적이고 합리적으로 파악해보자면 말이 되지 않는 상황입니다. 자연스러운 인간의 감정이 아닌 억지라고 비난할지도 모릅니다. 그 상황에서 춤을 춘다는 것은 실성한 탓이 틀림없다고 말할지도 모르겠습니다. 그러나 이것이 이성과 합리성을 뛰어넘는 인간이 지닌 초감각적이고 초월적인 잠재력입니다. 바로〈용서의 힘〉입니다.

용서에는 엄청난 힘이 존재합니다. 극심한 상태에서 나오는 용서일수록 더욱 그러하지요. 두려움을 주는 상대를 오히려 두려움에 떨게 하는 것이 바로〈용서〉입니다. 그러한 용서는 바로 내면의 자신과 신성이 합치될 때 일어납니다. 처용의〈용서의 힘〉은 옛 설화 속에서만 존재하지 않습니다. 우리 민족의 문화 속에서 면면히 이어져 오고 있지요. 비단 춤이나 노래를 말하는 것만이 아닙니다. 용서에는 지극한 힘이 뒤따릅니다. 이것을 한 번 더 힘주어 말하자면,〈치유〉라고 할 수 있습니다. 용서는 곧장 치유와 연결됩니다. 용서의 힘을 체득한 자는 치유를 누릴 수 있지요. 그 반대의 경우를 짚어볼까요? 용서하지 못하는 마음은〈화〉라는 앙금을 남깁니다. 용서하지 못하면 과거의 그 상황, 그 일에 얽힌 인물들은 마음속에서 그대로 살아 있습니다. 과거의 그 시간을 떠올리기만 해도 이미 그 시간을 지나온 현재의 내가 당장 영향을 받게 되지요. 〈화〉는 오랜 시간 동안 축적되면 걷잡을 수 없이 커지게 됩니다. 게다가 쉽게 녹지 않을 만큼 단단해집니다. 마음속에 머물러 있는 화는 자기도 모르는 사이에 밖으로 불쑥 튀어나오기도 하지요. 그러다가 한순간, 폭발하듯이 터져 나와 결국 사고를 치게 만듭니다. 그렇게 드러나는 형태를 폭력이라고 말할 수 있겠습니다. 또 어떤 이들의 마음속에서는 우울이라는 형태로 자리하게 되기도 하지요. 표출되지 않는 화는 내면을 갉아 먹습니다. 이것이 화의 두 얼굴입니다. 〈화〉는 시간이 간다고 해서 저절로 가라앉지도 않습니다. 잘 토닥이고 보살펴주어야 합니다. 화를 얼마나 잘 다스리는가에 따라서 삶의 태도와 질이 달라지기 때문입니다.

우리의 문화에서 처용을 만나 보았습니다. 처용이야말로 용서의 힘을 제대로 안 인물입니다. 용서할 때 화는 기적처럼 사라집니다. 처용이 현대인들에게 던지는 메시지는 분명합니다. 용서할 수 없는 극심한 상황들은 결국 그 상황에 부딪혀 갖게 되는 마음의 상태 때문이지요. 용서는 다만 마음에서 오는 것이 아니라, 다른 차원에서 기적처럼 오는 것입니다. 용서는 한 마디로 축복처럼 주어지는 것입니다. 다만 〈화〉를 비울 때, 〈화〉를 내려놓을 때, 그다음 순서로 용서가 찾아오는 것이지요.

브라질 소설가 파울로 코엘료^{Paulo Coelho}에 의하면, 용서하는 순간 두 가지 길이 생겨납니다. 하나는 상대방에게로 가는 소통의 길이며, 다른 하나는 자기 자신에게로 향한 화해의 길입니다.

이 두 가지 길의 출발점은 자기 자신이지요. 자신을 사랑하지 않음으로 인해 결국 병리적 증상들이 나타나게 됩니다. 마음의 병으로 힘들어하는 사람들의 공통적인 문제점이 바로 자기 자신에 대한 사랑의 결여입니다. 이는 종종 이 세상에 자신을 태어나게 한 존재나 상황을 부정하기도 합니다. 자기 자신에 대한 화를 투사시켜서 가까운 대상에 대한 화, 분노, 악한 감정들을 갖게 하지요. 그런 의미에서 볼 때, 치유의 시작은 자기 자신에 대한 사랑에서부터 시작한다고 할 수 있습니다. 자신을 진정 사랑하게 되면 타인에게도 관대해지며 인생의 참맛을 알게 되지요. 아름다운 삶이란 사랑과 용서의 종을 조화롭게 울리는 것입니다. 이런 의미에서 〈용서〉의 힘을 보여준 처용의 이야기는 그 의미가 깊습니다.

내 크기만한 얼음을 떠올려봅시다. 얼음을 없애는 가장 좋은 방법은 무엇일까요? 도끼로 내리친다고 이내 없어지지 않습니다. 열을 충분히 가하는 것이 제일 좋겠습니다. 따뜻한 열기가 나오는 난로를 옆에 두고 녹여봅시다. 얼음을 녹아서 물이 되어 흘러가는 것을 지켜봅시다. 웅크리고 굳어있던 얼음이 서서히 녹아서 물이 되어 흘러가고 있는 것을 상상해봅시다. 아주 작은 얼음 덩어리가 되었을 때 그 얼음을 손바닥 위에 놓고 감싸주는 나를 떠올려보세요. 나를 품어주고 안아주는 것. 그것이 나를 향한 용서입니다. 용서하면 고여 있던 것이 흘러가며 내 안에는 강한 에너지가 형성됩니다.

댓돌

댓돌은 집채의 앞뒤에 오르내릴 수 있도록 놓은 돌층계를 말합니다. 또한, 기단을 구성하는 돌을 말합니다. 기단은 서민들의 살림집에서는 낮고 양반집이나 궁궐에서는 높습니다. 한 단으로 만들어진 기단은 외벌대, 두 단은 두벌대, 세 단은 세벌대라고 하지요.

한편, 댓돌은 디딤돌, 섬돌, 보석, 석계, 석단, 석제, 승강석 등 여러 용어로도 사용했습니다. 댓돌은 다양한 용도로 쓰였습니다. 적당한 자연석을 약간만 다듬어 쓰기도 했고 대개는 화강석을 잘 다듬어서 장대석으로 만들어 쓰기도 했지요. 마루가 아니더라도

밖에서 안으로 들어가는 문지방이 높은 경우에는 문지방의 안팎으로 디딤돌을 놓는 경우도 있었습니다. 마루가 상당히 높은 경우에는 디딤돌을 2단으로 놓았습니다. 이럴 때는 보통 아랫단은 넓게 하고 그 위에 다시 한 단을 놓는 식이었습니다. 또한, 돌 대신에 큰 나무토막을 가져다 놓기도 하였습니다. 잘 만든 계단의 디딤돌 중에는 연꽃이나 연잎을 새겨놓은 것도 있었습니다.

엄밀하게 구분하자면, 댓돌 위에 디딤돌이 따로 놓여 있어서 디딤돌 위에 신발을 놓고 방 안으로 들어섰습니다. 하지만 디딤돌과 댓돌의 구분을 따로 하지 않고 용어를 혼용해서 쓰기도 하므로 이 글에서는 〈댓돌〉로 통일해서 말하고자 합니다.

댓돌이 〈극복〉의 주제에 맞는 이유는 두 가지 때문입니다.

첫째, 사람들은 늘 댓돌을 밟으면서 방으로 드나듭니다. 그러니까 댓돌은 밟히기 위해 존재하는 돌이지요. 어지간히 단단하고 굳세지 않으면 그 역할을 제대로 해낼 수 없습니다. 게다가 댓돌은 평평하고 반듯해야 합니다. 균형을 잘 잡고 움직임 없이 있어야 하지요. 그래야 주어진 역할을 감당할 수 있습니다.

둘째, 댓돌은 집 안에 들어설 때와 집을 나설 때 가장 일선에서 맞이하는 사물입니다. 밖으로 나갈 때는 댓돌 위에서 신발을 신고 나갑니다. 안으로 들어갈 때는 댓돌 위에 신발을 벗어놓고 방문을 열고 들어서지요. 날마다 어떤 상황에 따라 드나드는 이들의 마음가짐이 달라지기 마련이다. 날마다 다른 마음들이 댓돌 위에 고스란히 얹히게 됩니다. 그렇게 댓돌이 품고 있는 신발은 신발의 주인이 어디에서 무엇을 했는지, 어떤 감정을 느꼈는지 고스란히 담고 있습니다. 아마도 말을 할 수만 있다면, 댓돌은 신발의 자취에 담긴 무수한 이야기들을 쏟아낼 것입니다. 댓돌은 집을 드나드는 숱한 순간들의 기억을 고스란히 간직하고 있습니다. 그러면서도 참 고맙게도 묵묵히 아무런 말도 하지 않고 그 자리에 버티고 있습니다. 배우려고 든다면, 우리는 댓돌에게서 얼마든지 배울 것이 있습니다. 한결같이 그 자리에 버티고 있으면서 삶의 숱한 고초와 희로애락을 묵묵히 지켜보고 있는 존재가 바로 댓돌입니다.

〈내 마음속 긍정의 방〉을 떠올려봅시다. 평온하고 안락한 방의 이미지를 그대로 떠올려보세요. 그리고 그 방 앞에 놓인 〈댓돌〉을 상상해봅시다. 방을 드나들 때마다 밟고 다녀야하는 댓돌입니다. 〈마음의 댓돌〉을 어떤 단어로 떠올려봅시다. 희망, 사랑, 꿈, 열정, 희망 어떤 단어라도 좋습니다. 그렇게 〈내 마음속 긍정의 방〉에 드나들기 위해 내가 정한 댓돌을 단어로 간직해봅시다. 단어로 나타낸 댓돌을 자주 많이 떠올려보며 긍정의 방안으로 들어가 보시기 바랍니다.

바리데기

바리데기는 죽은 사람의 영혼을 위하여 일정 기간 안에 하는 굿입니다. 죽은 사람이 생전에 이루지 못한 소원이나 원한을 풀어주고 죄업을 씻어 극락 천도를 기원하는 오구굿을 말합니다. 또는 전라도 일부에서 씻김굿의 마지막에 하는 굿거리이며, 잔치판에 꼬여 든 잡귀 잡신들을 물리쳐냄과 동시에 망자의 넋을 해원(가슴 속에 맺혔던 원통함을 풂)하는 해원굿의 일부를 구성하는 서사무가로 구전되어 왔습니다. 굿을 하기 전이나 중간에 하는 사설에 바리데기 설화가 포함되어 있습니다. 무당은 바리공주 서사무가를 진오기굿의 말미 거리에서 장고를 세우고 방울을 흔들며 서너 시간에 걸쳐 구송했지요.

바리공주는 관북 지방에 전해져 내려오는 설화의 인물로, 흔히 무당의 조상으로 알려져 있습니다. 〈발리공주〉 혹은 〈사희공주〉라고도 하며 바리때(절에서 쓰는 공양 그릇. 나무나 놋쇠 따위로 대접처럼 만들어 안팎에 칠을 한다)를 지니며 베푸는 공주를 뜻합니다.

설화의 내용은 다음과 같습니다. 왕의 이름은 지역에 따라 조금 다르게 나타나는데 전남 지역에서는 〈오구시왕〉이라고 했습니다. 〈오구〉는 원한 맺힌 귀신이라는 뜻이고 〈시왕〉은 열 명의 판관을 일컫지요. 사람이 죽으면 시왕의 판결을 받아 어디로 갈 것인지 결정하게 된다고 합니다. 우리나라에 어느 왕(어비대왕 혹은 오구대왕)이 있었습니다. 혼례를 일 년 미루어야 아들을 낳고 길하다는 예언을 받았지만, 이를 무시하고 결혼한 탓에 계속해서 아들을 낳지 못하였습니다. 딸만 줄줄이 낳다가 마침내 일곱째도 딸을 낳자 태어나자마자 바로 버렸습니다. 그가 바로 바리공주였는데, 구사일생으로 비리공덕할아비와 비리공덕할미에 의해 살아남게 되고 양육되었습니다. 훗날에 왕과 왕비가 죽을병이 들어 점을 쳐보니 자신들에게 필요한 약이 무장승이 있는 곳에서 얻을 수 있는 양유수와 꽃임을 알게 됩니다. 부왕은 여섯 공주에게 서천서역국(죽은 사람의 영혼이 머무는 곳)에 가서 양유수를 구해 오라고 하지만, 여섯 공주는 갖은 핑계를 대면서 가지 않겠다고 합니다. 하는 수 없이 태어난 직후 버린 일곱 번째 공주에게 부탁하기 위해서 공주를 찾습니다. 그렇게 바리공주와 부모는 서로 재회하게 됩니다. 사정을 들은 바리공주는 남장을 하고는 부모를 살릴 약수를 구하기 위해 저승 여행을 떠납니다. 그곳까지 가는 동안 바리공주는 여러 가지 주문과 주령을 들고 지옥에서 신음하고 있는 이들을 구원합니다. 마침내 저승에 이르러서 남성인 무장승을 만나지요. 무장승에게 여러 가지 일을 해주면서 공덕을 쌓은 끝에 아이들을 낳고, 마침내 그곳에 있는 꽃이나 약물이 부모를 살릴 수 있는 것임을 알게 됩니다. 바리공주는 양유수와 꽃을 가지고 남편과 자식을 데리고 오다가 강림도령을 만나 인산거동(因山擧動, 부모의 사망)이 났음을 알게 됩니다. 더욱 서둘러 가서 양유수와 꽃으로 부모를 모두 되살리게 되지요. 그 덕분에 부왕에게 신직을 부여받는데, 아이들은 칠성으로 자리하고 무장승은 시왕군웅 노릇을 하게 되었으며, 바리공주는 만신의 몸주 노릇을 함으로써 만신의 섬김을 받게 되었습니다.

바리데기는 태어날 때부터 버림받은 존재입니다. 부모를 원망하는 게 당연하겠지요. 부모를 구할 유일한 방법이 저승에 찾아가 양유수와 꽃을 가져오는 것임을 알면서도 기껏 키워온 여섯 딸들은 하나같이 그 일을 하기를 거부합니다. 이치대로라면, 바리데기 또한 거부해도 욕할 수도 없을 것입니다. 하지만 바리데기는 이를 승낙합니다. 자신을 희생하면서 부모의 생명을 구하려고 하는 것은 〈사랑〉입니다. 사랑이 아니면 이뤄질 수 없는 행위이지요. 좋은 것을 취하고 안 좋은 것은 내뱉는 조건부의 사랑이 아니라, 추하고 싫은 것조차 사랑하며, 아픔을 주고 자신을 내친 존재조차 사랑하는 넓은 사랑, 박애博愛의 화신이 바로 바리데기입니다. 바리데기의 활약은 저승에서 여지없이 일어납니다. 망자를 해방하고 극락으로 인도하는 것은 바로 자유를 주는 행위이지요. 꽃의 상징이 〈의미〉라면, 물은 〈생명〉입니다. 어둠에 갇혀 있던 이들을 풀어주고 마침내 새로운 생명으로 부활하도록 이끈 것이지요. 저승에서 바리데기가 했던 일은 부모를 회생시킴으로써 이승까지 연결됩니다. 바리데기는 설화 속의 인물이지만, 우리나라의 굿 문화 속에서 면면히 이어져 오면서 산 자와 죽은 자를 함께 치유해주었지요.

바리데기의 내면 극복은 다음 세 가지로 요약할 수 있습니다.

첫째, 자신을 낳자마자 버린 부모에 대한 극복입니다. 오랫동안 찾지 않았던 부모가 목숨이 위태로워지자 뒤늦게 딸을 찾았고, 바리데기는 이를 받아들였습니다. 부모에 대한 원망과 원한을 가졌을 법도 하건만, 그녀는 오로지 자신을 낳아준 은덕을 갚고자 하였습니다.

둘째, 생명의 위협으로부터의 극복입니다. 영약을 구하기 위해 저승에 가는 것조차도 불사할 만큼의 기개를 발휘하였습니다. 이는 〈죽기로 싸우면 반드시 살고, 살려고 비겁하면 반드시 죽는다.〉는 의미인 〈필사즉생필생즉사$_{必死則生必生則死}$〉를 실현하는 것이었지요. 중요한 일에 대해 필사$_{必死}$의 열정과 각오로 치열하게 임할 때 마침내 그 일을 이루게 된 것입니다.

셋째, 저승에서 만난 무장승에 대한 극복입니다. 바리데기는 무장승과의 사이에 아이들을 낳게 되지만, 그녀가 원했던 만남도 결혼도 아니었습니다. 영약을 구하기 위해 무장승을 요청을 받아들이고 응한 것이지요. 그 과정에서 그녀가 겪었던 심리적 갈등과 상처는 말로 표현할 수 없을 정도였을 것입니다. 하지만 바리데기는 이마저 큰 뜻으로 극복하고 갈등을 이겨낸 끝에 마침내 신의 자리에 오르게 되었습니다.

생명을 부여할 수 있을 정도의 강력한 치유의 힘은 처음부터 존재한 것이 아닙니다. 자신의 한계를 끊임없이 넓혀나가는 〈극복〉을 통해 성장한 것이지요. 그런 의미에서 바리데기는 〈극복의 화신化神〉이라고 말할 수 있습니다. 그런 큰 극복의 힘을 발휘해서 자신도 부모도 세상도 살린 것이지요.

바리데기의 〈극복의 꽃〉처럼, 나만의 〈극복의 꽃〉을 상상해 봅시다. 어떤 빛깔과 크기, 모양을 지니고 있을까요? 꽃 이름을 무엇이라고 할까요? 내가 극복할 때마다 극복의 꽃은 피어날 겁니다. 내 인생의 꽃밭에 피어나는 극복의 꽃을 떠올려 봅시다. 꽃이 이곳저곳에서 활짝 피어있다면, 축하드립니다. 그것이 바로 축복받은 인생입니다.

도깨비

도깨비는 민간신앙에서 믿고 있는 초자연적 존재입니다. 도채비·독각귀·독갑이·허주·허체·망량 등의 이름으로 불리기도 하지요. 《삼국유사》의 「비형설화」는 문헌에 기록된 최초의 도깨비 이야기입니다. 비형은 도깨비의 두목입니다. 신라 진평왕 때, 하룻밤 사이에 신원사 북쪽 도랑에 큰 다리를 놓아 다리 이름을 〈귀교鬼橋〉라고 붙였다고 합니다. 인간에게 긍정적인 면과 부정적인 면을 모두 보이며, 무섭고 힘이 센 존재이지만 인간을 죽일 정도로 악하지는 않지요. 인간의 꾀에 곧잘 넘어가고 초자연적 힘을 이용당하는 어리숙한 모습을 보이기도 했습니다.

도깨비 중에는 불도깨비·거인도깨비 등과 같이 눈에 보이는 도깨비와 사발 깨지는 소리, 말발굽 소리, 기왓장 깨지는 소리와 같이 소리로만 들리면서 보이지 않는 도깨비가 있습니다. 형체가 있는 도깨비는 머리를 산발하고 다니거나 하나뿐인 다리로 껑충껑충 뛰어다니거나 키가 커서 하늘까지 닿고 머리가 구름 위에 솟아 있다고 전해집니다.

도깨비의 성별은 구분되지 않으나 제주도의 도깨비 신의 신화인「영감본풀이」에 의하면 서울 허정승의 일곱째 아들로 나타납니다. 일반적으로 머리를 산발한 도깨비는 남성 도깨비로서, 성질이 거친 경우가 많습니다. 대개 산이나 들에서 마주치게 되지요. 민간에서는 음력 정월 14일 밤과 상원날(음력 정월 보름날) 밤에 도깨비불을 보고 그해 농사의 흉년과 풍년을 점치기도 했습니다. 즉, 도깨비들이 불을 켜고 왕래한다는 그날 밤에 도깨비불이 동에서 서로 가면 풍년이고, 서에서 동으로 가면 흉년의 징조라고 알려졌지요. 이때, 도깨비는 정체를 잘 드러내지 않으나 걸음이 빨라서 넓은 들을 순식간에 건너가곤 했습니다. 도깨비는 변화무쌍하고 신출귀몰해서 형체가 일정하지 않고 다양합니다. 아이에서 노인, 남녀 등 자유자재의 모습으로 나타납니다. 차일도깨비는 차일처럼 넓게 생겼는데, 하늘에서 사람의 머리 위를 덮어씌운다고 합니다. 또한, 불을 켜고 다니는 등불도깨비, 굴러다니는 달걀도깨비, 멍석도깨비, 홑이불도깨비 등과 같이 그 모양과 생김새에 따라 여러 가지 종류가 있습니다. 사람이 죽은 다음 그 영혼이 변해서 되는 귀신과는 달리, 도깨비는 나무·돌 등의 자연물이 변해서 되고 산과 들에서 흔히 나타납니다. 또한, 도깨비를 만나는 사람에 따라 도깨비의 종류도 달라진다고 합니다.

대개 자연물이나 사람이 쓰던 물건이 변하여 도깨비가 되는 경우가 많습니다. 장계이의 《해동잡록》에 의하면 도깨비는 산과 바다의 음령한 기운이며, 풀·나무·흙·돌의 정기가 변해서 된 것이라고 했지요. 옛 문헌에 〈망량〉은 물도깨비·산도깨비·목석괴를 가리킨 것이고, 〈양매〉는 다리가 하나인 도깨비, 〈이매〉는 산속의 이기異氣에서 생긴 도깨비를 가리킨 것입니다. 즉, 도깨비는 자연물이 변해서 되는 경우, 또 다르게는 사람이 사용하던 것이 변해서 되었습니다. 사람이 사용하던 것들에는 대개 빗자루와 부지깽이 이외에도 짚신, 절굿공이, 체, 키, 솥, 깨어진 그릇, 방석 등과 같이 사람의 손때가 묻은 것과 여성의 혈액이 묻었던 것이 대부분이어서, 시골에서는 그러한 물건은 불에 태우는 일이 많았다고 합니다.

우리나라 도깨비의 특징을 다음 다섯 가지로 요약할 수 있습니다.

첫째, 노래와 춤을 즐기고 잘 놉니다.

둘째, 미련해서 잘 속아 넘어가고 꾀를 부릴 줄 모르고 융통성이 없습니다.

셋째, 짓궂은 장난을 잘 치고 특히 사람한테 장난을 잘 걸어옵니다.

넷째, 신출귀몰한 도깨비이지만, 양심이 있어서 꾼 돈을 갚거나 약속을 하면 지킬 줄 압니다.

다섯째, 인간과 같은 성정을 지니고 있어서 희로애락을 느끼
나 특히 기쁘고 신나고 즐거운 일에 몰두하려는 경향을 보입
니다.

도깨비는 음기로 이루어진 존재여서 어두운 밤, 비가 내리는
낮에 나타납니다. 도깨비가 아는 성은 김 씨뿐이라 도깨비를 〈김
서방〉이라고 부르기도 했습니다. 제주도의 경우 신격화되어 집안
의 수호신인 일월조상, 어선의 선신船神, 대장간의 신, 그리고 마을
의 당신堂神으로 모셔져서 수호신으로 기능하기도 하였습니다.

도깨비가 종잡을 수 없는 존재, 초자연적인 존재, 인간에게 겁
을 주는 존재이긴 하지만, 도깨비는 인간과 가까웠습니다. 도깨비
가 아무리 겁을 준다고 하더라도 생명을 앗아갈 정도는 아니었으
며 인간이 꾀를 내면 도깨비의 능력을 빌려다 쓸 수 있다는 점에서
도깨비는 친근하고 해학적인 존재였지요. 사람이 주로 쓰는 생활
용품, 일상적 도구들이 밤이 되면 도깨비로 변해 나타났기 때문에
삶에 깊이 관여하고 있다고도 볼 수 있습니다. 즉, 사람과 친하면
서 늘 혹사당하는 용품들이 밤이라는 시간대에 도깨비로 변해서
활동하는 것이지요. 인간의 손에서 놀아나야 했던 존재가 초월적
인 존재가 되어 밤이 되면 자유로워지는 마법의 장소로 세상이 바
뀌는 셈입니다. 도깨비는 일상의 질서를 뒤엎고 흩트리고 떠들고
놀며 예의를 차리지 않습니다. 어떻게 보면 인간으로서 해야 할 도
리, 지켜야 할 법도, 예의범절을 내던져버린 모습이지요. 도깨비는

너무나 인간적이어서 무례하고 모자란 듯하고 외형은 볼품없이 꾸미지도 않고 투박하지만, 인간의 한계를 초월한 엄청난 힘을 가지고 있습니다. 그 힘을 그저 노닥거리는 데 쓰지, 재산을 부풀리고 명예를 쌓는 데 혈안이 되어있지도 않습니다. 이 모든 도깨비의 성정은 올바른 언행을 해야 하는 인간이 세운 도덕의 뒤, 후미진 곳에서 억눌러 왔던 무의식의 발산이라고 할 수 있겠습니다. 도깨비가 하는 짓은 그야말로 예측할 수 없이 충동적이지요. 그렇게 억압하면서 숨겨진 인간의 욕망들이 도깨비에 투사되어 무의식 세계에서 튀어나와 함부로 날뛰는 것입니다. 그리하여 우리는 엉뚱하지만, 인간이라면 누구나 가지고 있을 욕망의 출현을 바라보면서 웃음 짓게 되지요. 도깨비의 그런 모습들에 감정이입을 하면서 카타르시스를 느끼고 삶의 애환을 풀어낼 수도 있었던 겁니다.

마음속 도깨비 친구를 만나볼까요? 나만의 도깨비 친구는 어떻게 생겼을까요? 크기와 모양과 피부색을 떠올려봅시다. 내 마음속 도깨비 친구는 어떤 성격일까요? 이름은 무엇일까요? 도깨비 친구와 얘기를 나눠봅시다. 도깨비 친구와 자연스럽게 대화를 나눠보시기 바랍니다. 드디어 재기발랄하고 유쾌한 도깨비 친구를 만나셨군요! 멋진 소통이 이뤄졌길 빕니다.

민화 속 호랑이

호랑이는 고양잇과에 속하는 포유동물로, 범이라고도 합니다. 호랑이는 서울올림픽대회의 마스코트로 선정될 정도로 우리나라를 상징하는 동물이지요. 우리나라의 건국신화에도 등장하며, 그 밖의 여러 설화를 비롯하여 그림과 조각 등 미술품에도 자주 나타납니다.

특히, 백두산 호랑이는 〈한국 호랑이〉라고도 불리며 우리나라를 대표하는 호랑이입니다. 높은 산 우거진 곳에서 살며, 가장 큰 호랑이는 몸 전체 길이가 390센티미터에 달합니다. 머리는 크고 다리는 굵고 튼튼하며 귓바퀴는 짧고 둥글지요. 백두산 호랑이는 특징적으로 등 쪽에 노란빛을 띤 갈색 털이 나있고 스물네 개의 검은 가로줄무늬가 있습니다. 배 쪽은 흰색이며, 등 쪽보다 연한 빛깔의 가로줄무늬가 있습니다. 꼬리는 몸통의 반 정도 길이고 연노랑빛을 띤 갈색이며, 8줄의 검은 고리 무늬가 있습니다. 북한과 중국 둥베이지방, 만주 우수리강 등지에 분포하고 있으며, 남한에서는 멸종된 것으로 보고 있습니다. 2012년 5월 31일 멸종위기 야생동물 1급으로 지정되어 보호받고 있지요.

호랑이는 민간신앙 속에서 산신으로, 풍수에서는 서쪽을 통칭하는 백호白虎로, 설화 속에서는 어리석지만 우직하고 신의가 있는 모습으로 나타납니다. 특히 우리 민화 속의 호랑이를 살펴봅시다.

민화는 정통 회화의 조류를 모방하여 그린 그림입니다. 장식을 위한 목적이거나 민속적인 관습에 따라 제작된 실용화를 말합니다. 조선 후기 서민층에서 유행하였으며, 이규경(李圭景, 1788~1865)의 《오주연문장전산고五洲衍文長箋散稿》에서는 〈속화俗畵〉라 하여 여염집의 병풍·족자·벽에 붙이는 그림이라고 하였습니다. 대부분이 정식 그림 교육을 받지 못한 무명화가나 떠돌이 화가들이 그렸으며, 정통 회화와는 수준과 의미의 차이가 많았습니다.

민화의 소재로 자주 등장하는 것이 호랑이입니다. 호랑이는 삿된 귀신을 물리치는 신통하고 영험한 능력을 지녔다고 믿었기 때문이었지요. 매년 정초에는 호랑이 그림을 대문에 붙여서 액운을 막고자 했고, 재앙과 역병을 물리치고자 했습니다. 민화 속 호랑이는 벽사(요사스러운 귀신을 물리침)의 성격과 길상(吉祥, 운수가 좋을 조짐)의 의미를 함께 가지고 있습니다.

민화 속 호랑이는 무섭고 사나운 모습이 아니라 재미있고 우스꽝스럽고 친근하면서도 인정스럽게 그려져 있어서 한마디로 해학성이 짙습니다. 두렵고 용맹스러운 호랑이를 이처럼 친근하고 다정하게 묘사한 것은 우리 선조들의 마음이 그대로 반영된 결과라볼 수 있습니다. 즉, 인간에게 친절하고 좋은 일을 가져다주는 의미에서 호랑이를 등장시킨 것이지요. 민화 속 호랑이들은 위엄 있고 초자연적인 신령한 존재이면서도 인간미가 있으며 웃음을 불러일으키는 자태를 가지고 있습니다. 민화 속으로 들어가서 호랑이를 만나면 어깨를 툭 치면서 함께 정답게 얘기라도 나눌 수 있을 정도입니다.

민화 속에서 〈까치와 호랑이〉가 함께 많이 등장하는 것도 좋은 소식이 오기를 기원하는 마음 때문이었지요. 호랑이 등에 까치가 앉아서 마음껏 노래를 부르면, 민화 속 호랑이는 너털웃음을 지으면서 음정, 박자가 다 틀린 채로 노래를 따라 부를 것만 같습니다. 신과 비견되는 위엄과 힘을 지녔지만, 이를 겉으로 드러내지 않지요. 소탈하고 재미있게 표현한 민화 속 호랑이는 권위의 힘을 뺀채 인정스럽고 친하게 다가옵니다. 바로 이런 모습에서 사회적 페르소나(persona, 역할에 따라 쓰는 사회적 가면)를 벗고 본연의 얼굴이 되어 겸손한 자신을 돌아보게 합니다. 즉, 우리 선조들은 민화 속 호랑이를 통해 본래면목本來面目의 자신을 성찰하는 마음까지 담았던 것이라고 추측해볼 수 있겠습니다.

내 삶의 민화 속 호랑이를 떠올려봅시다. 〈내 삶의 민화 속 호랑이〉란 처음에는 무서워서 피하고만 싶었지만, 그 순간을 겪으면서 부정적인 마음을 극복하고 해결하게 된 것을 의미합니다. 언제였는지, 무슨 일을 겪었는지, 그 순간의 느낌은 어땠는지를 떠올려봅시다. 이제 그 일은 이빨 빠진 호랑이가 되었다. 더 이상 나에게 두려움을 주지도 않습니다. 나는 내 인생의 주인공이니까요. 당시에는 힘들기 짝이 없었지만, 그 경험으로 인해 나는 성장할 수 있었지요. 그런 경험을 준 호랑이한테 감사의 인사를 건네볼까요?

하회탈

　　하회탈은 경북 안동시 풍산면 하회마을에서 만들어지는 목조 탈입니다. 하회탈은 고려 중기에 만들어진 것으로 추정됩니다. 주 재료로는 오리나무가 많이 쓰였고, 옻칠하고 정교한 색을 내어 해 학적 조형미가 잘 나타나 미적 가치가 높은 것이 특징입니다. 일반 평민들이 많이 활용하였으며, 특히 전통 역할극인 별신굿 놀이에서 주로 사용하였습니다. 원래 극 중의 역할에 따라 탈은 열네 가지가 있는데, 현재까지 보존되어있는 탈은 주지 두 개·각시·중·양반·선비·초랭이·이매(하인)·부네(첩 또는 기녀)·백정·할미 탈 등이며, 총각·별채·떡다리 탈은 소실되어 남아 있지 않습니다. 이 중에서 중·선비·양반·백정 탈은 턱이 따로 분리되어 있어 말을 할 때 턱 부분이 움직일 수 있게 하여 생동감을 표현할 수 있두록 제자되었습니다.

특히 하회마을과 이웃한 병산리에서 전해져온 양반탈과 선비탈은 하회탈과 함께 같은 국보 제121호로 지정되어 있는데 모두 하회탈의 이매탈처럼 턱이 없는 형태입니다. 이매탈에는 다음과 같은 전설이 있습니다. 옛날 고려 때 허 도령이 서낭신의 계시를 받고 아무도 보지 않는 곳에서 탈을 깎고 있었습니다. 마지막으로 이매탈의 턱을 깎을 때 그를 사모하던 처녀가 금기를 어기고 문구멍으로 들여다보았는데 그 순간, 허 도령이 그 자리에서 피를 토하고 죽었습니다. 그래서 지금까지 턱이 미완성인 채로 남아 있다는 것입니다.

원래 하회마을 소유였던 하회탈은 1964년 국보로 지정된 뒤 국립중앙박물관이 보관해오다가 2017년 12월 27일 고향인 경북 안동으로 돌아왔습니다. 하회탈의 원래 소유주인 하회마을 보존회 측에서 국립중앙박물관에 하회탈 보관 장소 변경을 요구했고, 박물관이 이를 수용했기 때문입니다. 고향으로 돌아온 국보 하회탈은 양반·선비·백정·각시·초랭이·이매·부네·중·할미·주지(2점) 등 하회탈 11점과 병산탈 2점입니다. 탈은 하회마을에서 귀환을 알리는 고유제告由祭를 지낸 뒤 보관 장소인 안동시립민속박물관으로 옮겨져서 현재까지 보관 중입니다.

흔히 이매는 하회 별신굿 탈놀이에서 바보 하인이나 별채의 역할을 하는 인물을 말합니다. 이매는 턱이 없고 왼쪽 다리를 절룩거리는 외모 때문에 바보스러운 하인으로 여겨집니다. 이매는 양반·선비마당의 결말 부분에 등장합니다. 양반과 선비가 지위와 학식을 자랑하고 부네를 서로 차지하려고 다투다가 화해하고 사노_{私奴}인 초라니 및 부네와 어울려 대동춤을 출 때 이매가 등장합니다. "환재 바치시오!" 하고 세 번 외치면, 모두 뿔뿔이 흩어져 사방으로 도망칩니다. 양반과 선비가 재담을 나누며 갈등을 표출하고 대동춤으로 화해 국면을 표현할 때 이매가 등장하는 겁니다. 환재(還財, 환곡제도에서 춘궁기에 관아로부터 곡식을 빌렸다가 추수가 끝났을 때 이자를 붙어서 되갚는 곡물을 가리키는 용어로 각종 세금 제도 등이 문란했던 때 백성들을 괴롭히던 대표적인 악습의 하나)의 상환 명령을 전달함으로써 조선후기 전정田政, 군정軍政과 함께 문란했던 삼정三政의 하나인 환곡제도를 비판하는 거지요. 이매는 관노官奴로 볼 수도 있고, 초라니와 공모하여 양반과 선비를 희롱하기 위해서 관노 시늉을 한 것으로도 볼 수 있습니다. 또한, 이매는 양반·선비·부네·초라니를 마당에서 퇴장시키는 역할을 수행합니다. 이매탈은 원래는 턱이 있는 별채의 탈이었으나, 턱이 분실된 이후로 그 기괴한 모양이 도깨비를 연상시켜 왼쪽 다리를 절룩거리면서 〈비틀비틀 이매 걸음〉을 걷게 되는 변이를 일으키게 됩니다. 해서, 이름도 도깨비를 뜻하는 〈이매〉로 바뀐 것으로 알려져 있습니다. 안동 인근에서는 소가 병들었을 때 침을 놓는 사람을 〈이매쟁이〉라고 부르고, 경상북도 봉화군 명호면·안동시 도산면 가송리의 서낭당 안에 쓰여 있는 글 가운데 〈이매〉란 말이 나온다. 이매의 행동은 심술과 장난이 특징인 도깨비와 통합니다. 이매는 무턱이와 절름발이이면서 어리석고 바보스러운 하인상으로 영특하고 민첩한 하인상인 초라니와 대조되는 이미지이지요.

이매탈을 보면 우습기 그지없습니다. 얼굴에서 각진 부분을 만나보기가 어렵지요. 양 눈은 둥글고 가늘어 초승달 모양입니다. 그 위의 눈썹은 굵고 진하지만, 마치 두 개의 산봉우리가 사이좋게 만난 듯합니다. 코는 표주박을 엎어놓은 모양입니다. 눈 아래 주름은 자연스럽게 물결치는 물살을 연상시키지요. 입과 턱의 텅 빈 공간조차 원만합니다. 얼굴 전체에 자연의 기운이 흐르고 있습니다. 그 얼굴에서 〈악〉이란 찾아볼 수 없지요. 바보 같고 어리석을지언정 누군가를 해치고 속일 염려는 없습니다. 하회탈을 대표하는 이미지가 바로 〈이매탈〉입니다. 얼굴 속에서 물씬거리는 자연의 기운을 느낄 수 있습니다. 억지를 부리지 않는 편안한 이미지가 바로 하회탈이 가진 특징이라고 할 수 있겠습니다.

우리가 흔히 〈사람 냄새〉가 난다고 말할 때의 어감은 사람이 주는 어리숙함에 있습니다. 완벽하고 완전하며 우수하고 뛰어나고 특출해서 추앙을 받는 동시에 부러움과 시샘 받는 존재라는 의미와는 상반되지요. 오히려 좀 모자라고 앞뒤가 안 맞는 듯하며 부족하지만 너그럽고, 실수는 하더라도 누군가에게 피해 주지 않으려 하고, 자신은 손해 보더라도 누군가의 이익을 위해 앞장설 줄 아는 사람을 두고 〈사람 냄새〉가 난다고 말하지요. 그러니까〈사람

냄새〉는 인격의 향기를 일컫습니다. 잘못하더라도 그런 자신을 돌아보고 성찰할 줄 아는 것이 바로 인격, 인간다움입니다. 오히려 단 한 번의 실패도 실수도 없이 성공의 길로 달려간다면, 그것이야말로 〈사람됨〉을 거부하는 일일 것입니다. 사람은 모순투성이고 실수와 좌절을 경험하면서도 희망의 색채를 칠해가는 존재입니다. 모자라고 부족하기 짝이 없는 하회탈에서 사람의 냄새를 맡을 수 있습니다. 즉, 인격의 향기가 묻어 있는 웃음, 〈해학〉의 정신을 느낄 수 있지요.

해학은 삶의 어떠한 고난의 순간에도 웃음을 잃지 않는 것을 의미합니다. 웃을 수 없는 순간에도 웃을 수 있다면, 고통은 더 이상 환난으로만 존재하지 않을 것입니다. 어려움을 뚫고 나갈 수 있는 단서를 쥐게 되는 것이니까요. 웃을 수 있는 여유는 고통의 물결 속에 그저 떠내려가고 있는 동안에는 결코 일어나지 않습니다. 물결을 벗어나서 흔들리지 않는 곳에서 보아야 물결의 흐름이 어느 정도인지 알아차릴 수 있지요. 세차게 흐르는 물결이 어디에서 시작되었는지, 어디로 흘러가서 결국 어떻게 합해지는지 알기 위해서는 좀 더 높은 곳으로 올라가 봐야 합니다. 이렇게 자신의 삶을 관조할 수 있다면, 감정의 휘말림에서 벗어날 수 있으며 자신을 객관적으로 들여다볼 수 있지요. 그렇게 할 때 문제를 슬기롭게 헤쳐 나올 수 있는 지혜가 생깁니다. 해학은 삶을 관조하고 있을 때 드러납니다. 해학의 뼈대는 바로 삶에 대한 여유로운 시선입니다.

〈내 마음의 이매탈〉을 떠올려볼까요? 〈내 마음의 이매탈〉은
너그럽고 따뜻하고 포근하며 나를 감싸주고 지혜로운 웃음
으로 나를 격려해주는 내 안의 마음을 뜻합니다. 나를 비판하
거나 다그치지 않고 오롯이 나를 보듬어주는 내 마음의 이매
탈을 느껴보세요. 때때로 혹은 자주 〈내 마음의 이매탈〉이 내
게 건네주는 위로의 말과 웃음을 떠올려보면 좋겠습니다.

품앗이

품앗이는 서로 일을 거들어주면서 상호 교류하는 노동을 말합니다. 〈품아이〉, 〈품바꾸이〉 등으로 바꿔 부르는 곳도 있습니다. 특히 함경도 지방에서는 〈돌레〉, 〈돌개〉, 〈품들이〉라고 했으며 평안도에서는 〈품바꿈〉이라고도 불렀습니다. 〈품〉은 어떤 일에 드는 힘이나 수고를 뜻하는 순우리말이지요. 〈앗이〉는 받고 갚는다는 의미입니다. 품앗이는 더불어 살아가는 조화로운 삶에서 생겨난 자연스러운 우리나라의 풍습입니다. 두레보다는 규모가 작고 단순한 일에서 주로 이루어졌고 개인적인 교류에 활용되었습니다. 한 가족의 부족한 노동력을 해결하기 위해 현명하고 지혜롭게 다른 가족의 노동력을 빌려 쓰고, 그것을 또 갚는 형태로 해서 더불어 살아온 것이지요. 주로 가래질하기, 모내기, 물대기, 김매기,

추수, 풀베기, 지붕의 이엉 엮기, 퇴비 만들기, 길쌈하기와 같은 농촌 생활에서 활용했으며, 관혼상제 등 집안의 큰 행사 때도 주로 품앗이를 했습니다.

두레가 촌락공동체 단위의 집단적인 규모의 공동 노동이라면, 품앗이는 개인적인 교분으로 맺어진 촌락 내의 소집단 구성원 간에 이뤄지는 공동 노동입니다. 친지, 이웃 간에 품앗이를 하는 경우가 대부분이었습니다. 이런 활동이 이뤄질 수 있는 이유는 상생을 바탕으로 한 의리와 정 때문이었지요. 서로 돕고 살아야 한다는 관념과 힘들 때 얼마든지 도와줄 수 있다는 믿음이 품앗이를 가능하게 하였습니다. 또한, 도움을 받은 대상에게 다시 도움으로 되갚는 마음은 인성을 베풀고 나누고 드리우는 과정이라고 할 수 있겠습니다. 품앗이는 시기와 계절을 가리지 않고 이루어졌으며, 직업의 종류와도 상관없이 수시로 행해졌습니다. 자작농, 소작농, 머슴들이 한마음으로 조화를 이뤄서 자발적으로 행해지기도 했지요. 품삯을 받지 않음으로써 서로의 나눔을 아름답게 지속할 수 있었습니다. 현대에 이르러 품앗이의 양상은 많이 변화된 것이 사실이지만, 품앗이의 정신은 면면하게 이어져 내려오고 있습니다.

〈품앗이〉라는 우리나라 전통의 아름다운 풍습이 존재한다는 것만으로도 사람이 살 만한 세상이라고 할 수 있겠습니다. 현대의 각박한 상황에서 안타깝게도 이 풍습이 원형 그대로 지속할 수는 없겠지요. 하지만 한국인이라면 누구나 〈품앗이〉라는 말을 알고 있을 정도로 〈품앗이〉의 정신은 이어져 내려오고 있습니다. 〈품앗이〉의 정신은 다음 세 가지의 심리적 작용을 일으킵니다.

첫째, 사람은 혼자이면서, 결국 혼자가 아니라는 것입니다. 이 모순적인 말은 말 그대로입니다. 존재론적으로 볼 때, 누구나 혼자이고 외로운 것이 당연합니다. 그러다 보니 힘들 때 아무도 도와줄 사람이 없다고 생각하기 쉽지만, 사실 그것은 도움의 손길을 스스로 차단해서이지요. 시도 때도 없이 타인에게 의존하라는 것이 아닙니다. 도움이 절실할 때는 도와달라고 요청할 줄 알아야 하겠습니다. 도움을 받은 대로 나도 되돌려주겠다는 건강한 상호호혜의 마음으로 손을 내밀 때, 그 손을 잡는 누군가가 나타날 것입니다. 사람은 타인과 어울려서 조화롭게 살아갈 수밖에 없으니까요.

둘째, 누구나 힘들 때가 있다는 보편적 사실을 깨닫는 것입니다. 살아나가는 것은 고역입니다. 그것은 생명을 유지하기 위해서 엔트로피 법칙을 거슬리는 가역적 반응을 매일같이 행해야 하기 때문입니다. 그렇다고 해도 결국은 엔트로피 법칙에서 벗어날 수 없지만, 살아 있는 한 지속적인 〈힘〉이 가해질 수밖에 없지요. 혼자서 해낼 수 없다는 사실을 스스로 깨닫게 될 때, 부족한 자신을 솔직하게 인정하며 도움을 청할 수 있습니다. 우리는 대개 자신이 충분히 일어설 수 있다는 자만심에 빠져 있다가 상황상 그렇게 되지 못할 때 수치심을 느끼며 자기 안으로 웅크리게 됩니다. 자만심이나 수치심 모두 영혼을 갉아먹는 감정이지요. 인간은 누구나 힘들 때가 있고, 혼자 견디기에는 힘에 부칠 때가 있습니다. 인간적인 것이 가장 자연스럽고 건강합니다. 품앗이는 그런 인간의 향기를 자연스럽게 드러나게 하지요.

셋째, 더불어 살아가는 조화로운 삶을 알아차리는 것입니다. 혼자 하면 잘할 것 같지만, 어떤 경우에는 전혀 그렇지 않을 때가 있습니다. 머리를 맞대고 해야 하는 일들이 분명히 있기 마련입니다. 인간이 사회를 이루고 있는 궁극적인 이유도 바로 그 때문이지요. 나와 다른 숱한 사람들이 다양한 마음과 생각과 관점으로 보고 이해하고 접근하고 해결해가면서 지식과 지혜를 쌓아가는 것입니다. 서로의 노동뿐만 아니라 오고 가는 정겨운 격려, 서로를 위해 흘리는 땀, 믿음으로 나누는 눈빛이 품앗이 속에 있습니다. 수고 많았고 감사하다고 나누는 인사에서 그러한 조화로운 상생의 힘을 체득할 수 있습니다.

누구나 한 번쯤 품앗이를 경험하면서 살아가기 마련입니다. 주고받는다는 의미를 넘어서 아낌없이 베풀면서도 대가 없이 그저 누군가로부터 받은 경험이 있지요. 또 그렇게 준 경험도 있겠습니다. 알고 있는 사람한테 품앗이를 받은 적도 있지만, 스쳐 지나가는 그 누군가에게 얼굴이나 이름도 기억나지 않는 이에게 받은 적도 있습니다. 또는 베푼 적도 있을 것입니다. 물질처럼 보이는 것이 아니라 마음으로, 아주 사소한 미소 한 번이라도 괜찮습니다. 삶의 진정한 가치와 의미는 사실, 베풀고 주는 것에 있습니다. 먼저 받은 경험을 떠올려서 그 대상한테 혹은 그런 상황한테 감사하다고 소리 내어 말해봅시다. 다음으로 내가 주체가 되어 준 경험을 떠올려서 그것도 그저 감사하다고 소리 내어 말해봅시다. 받은 것보다 준 것이 많다면, 그야말로 멋진 삶을 살아 나가고 있군요! 지금 당장은 그렇지 않더라도 괜찮습니다. 앞으로 그렇게 품앗이를 해주면 되니까요.

당신은 나를 압니다

예술은 인간과 풀꽃의 사랑을
아름다운 이미지로 표현할 수 있다
그러한 과업만이 예술의 본유적인 정신을
현대에서 살리는 길이다
변함없는 태양과 달의 빛을
생명의 빛으로 볼 수 있는 것이
예술의 정신이다

- 윤현섭의 《예술심리학》에서

이제 당신은 나를 압니다. 나를 아는 것은 곧 당신 자신을 아는 것과 같습니다. 내 안에 당신이 있고, 당신 안에 내가 있기 때문이지요. 우리가 분리해서 존재할 수 없습니다. 나를 앎으로써 당신이 성장할 수 있고, 그것은 곧 내가 성장하는 것과도 같습니다.

당신이 나를 아는 것은 오랜 기다림이 필요했지요. 이제야 하는 말이지만요, 즐거운 여러 일들, 놀이와 게임의 유혹을 물리치고 나를 만난다는 것이 쉬운 일은 아니었을 테지요. 나를 알게 된다고 당장 뭔가 이익이 생기는 것도 아니니까요. 상이나 칭찬과 인정을 받거나 좋은 점수를 받는 것도 아닐 텐데 말이지요. 이렇게 마지막 순간까지 걸음을 옮겨서 여기에 와 있다는 사실만으로도 박수받을 만합니다. 다른 누군가가 아니라 내가, 또 당신이 자기 자신에게 박수를 보내주시기를 바랍니다. 당신은 인내와 성찰, 통찰의 힘을 이미 체험하셨으니 이것이야말로 귀하고 아름다운 상인 게 분명합니다.

　나를 알아차리고 이해하며 소중하게 여기는 것은 곧 자기 자신을 그렇게 여기는 것과 같습니다. 자기 자신을 귀하게 여기는 마음이야말로 훌륭하고 아름다운 마음이지요. 그것은 나만 특별하고 가치 있게 여기는 것이 아닙니다. 내가 소중하면, 타인도 더불어 소중하고 귀하게 여기게 됩니다. 자기 자신을 존중하고 고귀하게 여긴다면, 이 세상에 존재하는 그 누구한테도 존귀한 마음을 가지게 됩니다. 실은 그런 마음이 너무나 절실한 시대입니다. 그 반대로 생각하고 행동하는 일들이 많기 때문이지요. 오직 나만 귀하고 중요하고 타인은 별 볼 일 없다고 여기는 자세야말로 어리석기 짝이 없습니다. 자신을 고귀하다고 여기면 저절로 타인도, 이 세상도 고귀할 수밖에 없습니다. 언뜻 생각하면 나와 타인, 세상은 분명한 경계를 짓고 있는 것 같이 보이지만, 실상은 그렇지 않습니다. 모두 연결되어 있습니다. 모두가 하나입니다. 그것은 에너지 때문입니다. 물리학자 아인슈타인은 만물은 에너지라고 했지요. 에너지 차원에서 보자면 우리는 서로서로 밀접한 영향을 주고받으며 살 수밖에 없습니다.

나를 무시하고 핍박하는 많은 일이 있었습니다. 심지어는 거들떠보려고 하지도 않고 생각조차 하지 않기도 했지요.

"요즘 같은 다문화 세상에 한국 고유문화를 찾는 게 말이나 돼?"
"일부러 민족 문화를 고집할 필요가 없어. 세상은 하나, 문화도 하나. 그게 훨씬 낫지 않겠어?"
"우리 문화 따위를 알면 뭐 해? 그게 밥 먹여주나?"
"고리타분하기만 하고, 흥미도 없어."
"지금이 어떤 시대인데 아직도 그런 구닥다리를 찾냐? 구질구질하기만 해."
"우리 문화는 한류 문화지! 그것만 알면 그만이지 뭐! 왜 그 있잖아. 잘 나가는 가수와 영화!"
"역시 한류 문화 덕분에 우리나라가 알려진 거야. 인기가 최고지, 안 그래?"

이런 말들이 난무하곤 했지요. 이런 말을 하는 이들조차도 실은 내 안에서 태어나고 숨 쉬고 자라나고 살고 있습니다. 내 안에서 나를 거부하는 것은 무엇이라고 설명해야 할까요? 그저 알지 못한 채 알려고도 하지도 않고 살아가는 숱한 이들이 있습니다. 그러다 보면, 보이는 것 위주로 흘러가기 마련이어서 보이는 것이 전부

인 양 살게 되지요. 돈, 권력, 명예, 학력, 재산이 전부인 것처럼 생
각하면서 말이지요. 그것만을 쫓아가다 보면 그것들이 주는 기쁨
이 너무나 제한적이고 쉽게 바닥을 드러내고 말아서 언젠가는 모
든 것이 헛되다는 사실을 알아차리게 되지요. 때에 따라서는 허망
한 체험을 빨리하게 되기도 하지만 대부분은 삶의 마지막에 이르
러서야 겨우 하게 되기도 합니다. 혹은 보이는 것이 전부라고 여기
고 달려오다가 그것들을 잃었을 때 견디지 못하고 나락으로 떨어
지고 말지요.

보이는 것이 전부가 아니라는 사실을 알아차리는 것은 쉽지
않습니다. 하지만 또 어렵지도 않습니다. 이 모순된 말은 정말이지
사실 그대로입니다. 보이는 것을 향해 쫓아가는 것이 대세이지요.
그런데 보이지 않는 것을 염두에 두고 살게 되면 세월을 초월해서
훌륭한 업적을 이루기 마련입니다. 위대한 인물들은 하나같이 세
월의 흐름에 쫓아가지 않았습니다. 오히려 세월의 흐름을 뛰어넘
어 한 발 더 앞서서 주도해 나갔지요. 그런 위인이 했던 대로 하자
는 말이 아닙니다. 삶을 제대로 산다는 것은 보이지 않는 것을 이
해하고 받아들여야 가능한 말을 하려고 합니다.

이렇게 말을 걸고 있는 나도 실은 보이는 존재가 아니지요. 지
금은 이렇게 글자로 당신한테 말을 걸고 있지만 말이에요. 나는 당
신이 이미 알고 있듯이 보이지 않은 채 너무나 뚜렷이 당신 안에
서, 당신은 내 안에서 살고 있습니다. 우리가 스며들어 함께 존재

하기 때문에 눈에 보이지 않지만, 그래서 더욱더 귀하고 소중합니다. 나에 대해 고도로 정신을 집중하고 넋과 얼을 순도 깊게 녹여내어서 예술로 탄생하기도 합니다. 그런가 하면 오랫동안 내려오는 관습과 예의 속에 내가 자연스럽게 스며들어 있기도 합니다. 독특하고 고유한 내 향기가 이 땅을 살아가는 모든 이들을 하나로 묶어주기도 합니다. 그렇다고 해서 이 땅이 아닌 곳, 우리 문화가 아닌 곳에서 등을 돌린 채 접근을 금하는 높은 성을 쌓을 수도 없습니다. 알고 보면 모든 경계는 독특하다는 점만 있을 뿐, 각각의 색깔이 어우러져서 거대한 하나로 연결되어 있지요. 하나의 색깔만 위대한 것이 아니라 모든 색깔이 아름답고 귀합니다. 일곱 색깔이 모두 조화를 이뤄서 무지개가 존재하듯이 말이지요.

그러니 나를 안다는 것은 당신을 아는 것이고 그것은 온 세상을 향해 팔을 벌리는 것입니다. 자기 자신을 온전히 사랑하는 사람은 타인도 세상도 사랑하게 되니까요. 자신을 사랑하면서 타인을 배척하고 자기 자신만 아는 사람은 실은 자신조차 제대로 사랑하지 않는 것이지요. 그러면서도 자신을 사랑한다고 믿고 있으니, 단단한 껍질 안에서 웅크리고 있는 격입니다. 나를 알게 되는 과정에서 당신은 주로 〈마음〉이라는 단어를 많이 만났을 겁니다. 마음이야말로 보이지 않는 것의 대명사이지요. 그리고 마음은 우리의 삶을 주도하는 핵심 역할을 담당합니다. 모든 것은 마음먹기에 달렸다는 말을 들어보셨지요? 실제로 마음은 어떻게 가지는가에 따라 삶의 방향이 달라집니다. 구렁텅이에 빠져서도 헤쳐나와 당당하게 극복의 인생을 살아가기도 하지만, 그 반대의 경우도 있습니다. 용기 있는 삶으로 인생 역전의 성공 신화를 보게 되는 경우보다 오히려 정반대의 상황이 더 많기도 합니다. 한때 잘 나가던 사람이 그만 어쩌다가 퇴락하고 말았다는 이야기가 비일비재합니다. 그것이 바로 〈마음가짐〉에 의해서라고 생각해보면, 마음이란 놀라운 작용을 하고 있다고 여길 수밖에 없습니다. 누군가는 그것은 순전히 환경 때문이니 환경이 바뀌어야 가능하다고 말하고 싶겠지만, 그것조차 환경에 굴복하고 만 마음가짐 때문이라고 할 수 있습니다. 환경과 처지에 쉽게 물들 수밖에 없는 것이 인간의 마음이지만, 마음가짐을 새롭게 해서 용기 있게 변화를 창조해낼 수 있는 것도 인간의 마음이지요.

우리 문화를 아는 것은 보이지 않는 마음가짐을 단단하고 튼튼하게 해주는 겁니다. 보이는 것 위주의 삶 속에서 보이지 않는 것에서 엄청난 위력이 있다는 놀라운 사실을 체험하는 것입니다. 내가 소중하고 귀한 만큼 타인도 타 문화도 세상도 귀하게 여기고 존중하는 마음을 갖는 것입니다. 절망과 낙담에 빠지는 일이 있더라도 다시 일어서서 베어진 부분이 다시 알차게 차오르는 오동나무의 지혜를 갖는 일입니다. 오랜 세월 동안 면면히 흐르는 거대한 강물 속에서 나도 하나의 물이 되어 흐르는 일입니다. 그 물이 대지를 적시고 생명이 자라나게 하는 것을 벅찬 기쁨과 감동으로 맞이하는 일입니다. 모든 것을 다 버리고 모든 것을 끝내고 싶은 순간에도 그저 숨 쉬고 있다는 사실에 감사하면서 순리대로 상황을 받아들이면서 살아갈 힘을 차리는 것입니다. 내가 태어나서 자라고 살아오는 모든 인생의 여정들이 바로 우리 문화 속에서 이뤄진다는 것을 알아차리는 것입니다. 우리 문화에 존재하는 놀라운 생명력, 치유의 힘을 알아차리는 것입니다. 그래서 우리 문화를 아는 것은 곧 나를 아는 것입니다.

나를 알기 위해 이렇게 함께 나와 호흡하며 걸어오는 동안, 당신은 당신의 마음을 알아차리는 신기한 체험을 했을 수도 있습니다. 혹은 너무 바쁘게 걷는 바람에 마음을 들여다보는 것을 놓쳤을 수도 있습니다. 그렇지만 나는 압니다. 당신이 눈으로 이 길을 걷는 동안, 마음은 이미 뭔가를 순식간에 알아차렸고, 그렇게 알아차리는 것을 미처 깨닫지 못하는 순간까지도 마음은 뭔가를 간직했다는 사실을 말입니다. 언뜻 이해하기 어려운 이 과정은 〈무의식의 작용〉에 의해 사라지지 않습니다. 순식간에 훑고 지나가는 것들은 우리의 무의식에는 차곡차곡 저장되어 있기 마련이지요. 내가 미처 알아차리지 못했던 경험조차도 뇌파를 알파파의 상태로 몸과 마음을 이완한 다음에는 선연하게 알아차리게 되듯이 말이지요. 나를 알기 위해 걸어왔던 이 과정은 언젠가 나도 모르게 어느 순간에서 온전히 제대로 발휘될 수도 있습니다. 이렇게 나를 알게 된 것만 해도 빛나는 씨앗을 마음속에 심은 것이니까요. 적당한 때가 되어 싹이 트고 자라나고 튼실하게 뿌리를 내리고 푸르른 잎을 드리우고 열매를 맺어 누군가에게 줄 수 있을 거라고 믿습니다. 아는 만큼 보이게 되고, 보이는 것만큼 성장하게 되고, 성장하는 만큼 베풀 수 있으니까요. 그러니 아는 것은 곧 베푸는 것입니다. 그 베풂으로 인해서 나는 다시 성장하게 되는 것이고, 그만큼 보이지 않는 것을 보게 되는 것이지요. 그래서 선순환의 원은 계속해서 돌고 돌게 되는 겁니다.

그러니 우리 문화는 우리끼리 누리고 나누는 것이 다가 아닙니다. 변화와 성장, 치유가 필요한 모든 이들과 우리 문화를 나눌 수 있습니다. 우리 문화와 예술의 치유성을 토대로 해서 다른 문화에 있는 이들한테도 적용할 수 있습니다. 또는 앞에서 말했던 19가지 범주에 맞추어 우리 문화와 예술을 폭넓게 연구할 수도 있고, 다른 문화까지도 이 범주에 넣어서 연구할 수도 있습니다.

이제, 내가 당신을 알고 당신이 나를 알았으니 우리는 함께 힘차게 걸음을 내디딜 수 있습니다. 험난한 아리랑 고개도 거뜬하게 넘어갈 수 있습니다. 주어진 날까지 삶의 곡진한 노래를 부르며 살아나갈 수 있지요. 당신이 걸어 나갈 매 순간을 축복하며 사랑을 전합니다. 언제나 그럴 것입니다. 소중하고 고귀하고 빛나는 당신은 내 안에서 살아나가고 있으니까요. 우리는 처음부터 하나였으니까요.